Formation inforn

Un livre de Thierry Cumps

FORMATION INFORMATIQUE

UN LIVRE DE THIERRY CUMPS

Préface

Dans un monde où la technologie évolue à un rythme effréné, la maîtrise de l'informatique est devenue une compétence indispensable, que ce soit pour les professionnels cherchant à progresser dans leur carrière ou pour les novices désireux de comprendre les rouages de la révolution numérique.

Ce livre de formation en informatique a été conçu dans le but de fournir aux lecteurs une base solide de connaissances et de compétences dans le domaine de l'informatique. Que vous soyez débutant ou que vous ayez déjà une certaine expérience, vous trouverez dans ces pages une mine d'informations utiles pour vous aider à naviguer dans le monde complexe de la technologie.

À travers une approche pédagogique et progressive, ce livre couvre un large éventail de sujets, allant des bases de l'informatique et de l'utilisation d'un ordinateur à des sujets plus avancés tels que la programmation, la sécurité informatique et le cloud computing. Chaque chapitre est conçu pour être clair, concis et accessible, avec des explications simples et des exemples pratiques pour faciliter la compréhension.

Que vous souhaitiez apprendre à coder, à gérer des réseaux informatiques ou simplement à mieux comprendre le fonctionnement des appareils électroniques qui font partie intégrante de notre vie quotidienne, ce livre vous accompagnera tout au long de votre parcours d'apprentissage.

En tant qu'auteur, mon objectif est de vous fournir les outils et les connaissances nécessaires pour vous aider à atteindre vos objectifs en matière d'informatique. Que vous cherchiez à développer de nouvelles compétences pour votre travail, à explorer de nouveaux horizons professionnels ou simplement à enrichir votre bagage de connaissances, ce livre est là pour vous guider à chaque étape du chemin.

Alors que vous tenez entre vos mains un manuel complet, vous êtes sur le point d'embarquer pour un voyage fascinant à travers le monde de l'informatique. Ce manuel est un guide précieux, une ressource inestimable qui vous accompagnera dans votre exploration des nombreux aspects de l'ordinateur et de ses fonctionnalités.

Cependant, permettez-moi de vous encourager à aller au-delà de la simple lecture de ces pages. L'informatique n'est pas seulement une science théorique à assimiler, mais une discipline pratique à expérimenter. C'est en pratiquant, en expérimentant et en explorant par vous-même que vous développerez une véritable maîtrise de cet univers numérique.

Utilisez votre ordinateur comme votre laboratoire personnel. Explorez ses menus, ses applications et ses fonctionnalités. Osez cliquer sur des boutons, ouvrir des programmes, et découvrir ce qui se cache derrière chaque icône. N'ayez pas peur de faire des erreurs, car c'est souvent de nos erreurs que naissent les plus grandes découvertes.

Créez des documents, éditez des photos, naviguez sur Internet, communiquez avec d'autres utilisateurs. Expérimentez avec les logiciels, personnalisez les paramètres, découvrez de nouveaux raccourcis et astuces. L'informatique est un domaine en constante évolution, et il n'y a pas de meilleure façon d'apprendre que de plonger directement dans l'action.

Rappelez-vous que même le manuel le plus complet ne peut pas capturer toutes les subtilités et les nuances de l'expérience informatique. La véritable compréhension vient de la pratique, de l'exploration et de l'expérimentation. Alors, n'hésitez pas à mettre en pratique ce que vous apprenez dans ces pages, et laissez votre curiosité vous guider vers de nouvelles découvertes.

Que votre voyage dans le monde de l'informatique soit rempli de découvertes passionnantes et de succès gratifiants !

Bien cordialement,
Thierry Cumps

Table des matières

Introduction à l'informatique

Définition de l'informatique

L'informatique est un domaine multidisciplinaire qui concerne l'étude, le développement, l'utilisation et la gestion des systèmes informatiques et des technologies de l'information. Elle englobe à la fois le matériel informatique (comme les ordinateurs, les serveurs, les périphériques) et le logiciel (systèmes d'exploitation, applications, programmes).

L'informatique traite également des aspects liés à la transmission et au traitement de l'information, la programmation, les réseaux informatiques, la sécurité informatique, la conception de bases de données, l'intelligence artificielle, entre autres. En résumé, l'informatique étudie les moyens et les méthodes permettant de traiter efficacement l'information à l'aide de technologies informatiques.

Importance de la formation en informatique

La formation en informatique revêt une importance cruciale dans le monde moderne pour plusieurs raisons :

Compétences professionnelles: Dans de nombreux domaines professionnels, la maîtrise des outils informatiques est devenue essentielle. Que ce soit pour la gestion de données, la communication, la conception graphique, la programmation ou d'autres tâches, une formation en informatique permet aux individus d'acquérir les compétences nécessaires pour réussir dans leur carrière.

Adaptation aux évolutions technologiques: Les progrès rapides dans le domaine de la technologie de l'information signifient que de nouvelles technologies émergent régulièrement. La formation en informatique permet aux individus de rester à jour avec les dernières tendances et innovations, ce qui est essentiel pour rester compétitif sur le marché du travail.

Innovation et entrepreneuriat: L'informatique offre des possibilités infinies en termes d'innovation et d'entrepreneuriat. Une solide formation en informatique peut fournir aux individus les compétences nécessaires pour développer de nouvelles idées, créer des applications, des logiciels ou des startups technologiques, et contribuer ainsi à l'économie numérique.

Productivité et efficacité: L'automatisation et l'informatisation des processus peuvent considérablement améliorer la productivité et l'efficacité dans divers secteurs. Une formation en informatique permet aux individus de comprendre comment utiliser efficacement les outils informatiques pour automatiser les tâches répétitives, analyser les données et prendre des décisions éclairées.

Communication et collaboration: Les technologies de l'information facilitent la communication et la collaboration à distance, ce qui est devenu particulièrement important dans un monde de plus en plus connecté. Une formation en informatique peut enseigner aux individus comment utiliser efficacement les outils de communication en ligne, les plateformes de collaboration et les réseaux sociaux professionnels.

Sécurité informatique: Avec l'augmentation des cybermenaces, la sécurité informatique est devenue une préoccupation majeure pour les individus et les organisations. Une formation en informatique peut aider à sensibiliser aux meilleures pratiques en matière de sécurité informatique, à reconnaître les menaces potentielles et à prendre des mesures pour protéger les données et les systèmes.

En résumé, la formation en informatique est essentielle pour s'adapter à l'évolution rapide de la technologie, pour réussir dans le monde professionnel moderne, pour stimuler l'innovation et l'entrepreneuriat, pour améliorer la productivité et l'efficacité, pour faciliter la communication et la collaboration, et pour garantir la sécurité des systèmes informatiques.

Historique de l'informatique

Préhistoire de l'informatique (Antiquité - 19e siècle) :

Les premiers concepts d'arithmétique et de calcul remontent à l'Antiquité, avec des dispositifs tels que l'abaque en usage dans différentes civilisations.
Au 17e siècle, Blaise Pascal et Gottfried Wilhelm Leibniz ont conçu les premières machines à calculer mécaniques, les "Pascaline" et la "Machine de Leibniz", pour automatiser les opérations arithmétiques.
Au 19e siècle, Charles Babbage a développé des conceptions de machines analytiques programmables, préfigurant les premiers ordinateurs.

Ère des premiers ordinateurs (milieu du 20e siècle) :

Dans les années 1940, des progrès significatifs ont été réalisés avec la création de premiers ordinateurs électroniques, tels que l'ENIAC (Electronic Numerical Integrator and Computer) aux États-Unis et le Colossus au Royaume-Uni, utilisés principalement pour des calculs militaires.
Les années 1950 ont vu l'émergence des premiers langages de programmation, comme le Fortran et le Cobol, ainsi que le développement des premiers systèmes d'exploitation.

Ère de l'informatique personnelle (années 1970 - années 1990) :

Les années 1970 ont été marquées par l'avènement de l'informatique personnelle avec des ordinateurs tels que l'Altair 8800, le premier micro-ordinateur largement disponible pour un usage personnel.
Les années 1980 ont été dominées par l'essor des ordinateurs personnels (PC) avec des entreprises telles qu'IBM, Apple et Microsoft jouant un rôle clé dans le développement de matériel et de logiciels.
Les années 1990 ont été caractérisées par l'avènement d'Internet et du World Wide Web, transformant radicalement la façon dont les gens communiquent, accèdent à l'information et interagissent en ligne.

Ère de l'Internet et de la numérisation (fin des années 1990 - aujourd'hui) :

Les années 2000 ont vu une expansion massive d'Internet, avec le développement de services en ligne tels que les médias sociaux, les plateformes de streaming, le commerce électronique, etc.
Les années 2010 ont été marquées par l'essor de la mobilité avec l'avènement des smartphones et des tablettes, ainsi que par l'explosion du Big Data et de l'analyse de données.
Au 21e siècle, l'intelligence artificielle (IA), l'apprentissage automatique et la robotique ont émergé comme des domaines de recherche et de développement cruciaux, promettant de

transformer radicalement divers secteurs de la société.

Cet historique n'est qu'un aperçu des principaux développements dans le domaine de l'informatique. Il est important de noter que ce domaine est en constante évolution et que de nouveaux développements continuent à émerger à un rythme rapide.

Fondamentaux de l'informatique

L'ordinateur

Un ordinateur, c'est quoi ?

D'après la définition de Wikipédia : *Un ordinateur est un système de traitement de l'information programmable tel que défini par Alan Turing et qui fonctionne par la lecture séquentielle d'un ensemble d'instructions, organisées en programmes, qui lui font exécuter des opérations logiques et arithmétiques.*

Pour moi, un ordinateur est un dispositif électronique programmable conçu pour effectuer différentes tâches en traitant des données selon des instructions préalablement définies.

Voici quelques aspects clés qui définissent un ordinateur :

Traitement de l'information : Un ordinateur est capable de traiter des informations sous forme numérique. Il peut effectuer des opérations telles que le calcul, la manipulation de données, la gestion de fichiers, etc.

Unité centrale de traitement (CPU) : L'ordinateur est équipé d'une CPU qui est le cerveau de l'appareil. La CPU exécute les instructions du programme et effectue les opérations de calcul.

Mémoire : Un ordinateur dispose de différents types de mémoire pour stocker temporairement des données et des programmes en cours d'utilisation. Cela comprend la mémoire vive (RAM) pour les données en cours d'utilisation et la mémoire de stockage (disque dur, SSD) pour les données permanentes.

Entrées/sorties : Les ordinateurs sont équipés de périphériques d'entrée/sortie tels que claviers, souris, écrans, imprimantes, etc., qui permettent aux utilisateurs d'interagir avec l'ordinateur et d'échanger des informations avec lui.

Logiciel : Les ordinateurs fonctionnent grâce à des programmes logiciels qui fournissent les instructions nécessaires pour effectuer différentes tâches. Cela inclut les systèmes d'exploitation (comme Windows, macOS, Linux), les applications logicielles (comme les navigateurs web, les suites bureautiques, les logiciels de traitement d'image, etc.) et les programmes utilisateurs personnalisés.

Connectivité : Les ordinateurs sont généralement équipés de ports et de capacités de connectivité réseau qui leur permettent de se connecter à d'autres appareils, à Internet ou à des réseaux locaux.

En résumé, un ordinateur est un dispositif polyvalent capable de traiter des informations, d'exécuter des programmes, de stocker des données et de communiquer avec d'autres appareils. Il est devenu un outil indispensable dans de nombreux domaines de la vie moderne, de l'informatique professionnelle aux loisirs personnels, en passant par l'éducation et la recherche scientifique.

J'ai touché mon premier ordinateur en 1983 lors d'une formation d'analyste-programmeur à Bordeaux organisée par une société parisienne qui s'appelait Assistance Bureau et Logiciel. Les premiers langages informatiques que j'ai appris étaient le basic, le pascal et le cobol.

J'ai adoré les langages basic et pascal, mais je n'ai pas du tout aimé le cobol.
L'ordinateur dont on se servait en classe était un ICL DRS20/50. Système d'exploitation DRX.

J'ai eu mon premier PC en 1985 (un IBM PC avec 2 lecteurs de disquettes 360 Ko).

J'ai travaillé sur la plupart des systèmes d'exploitation qui ont été installé sur un PC :
1. MS-DOS – PC-DOS
2. Prologue
3. OS2
4. Xenix
5. Multilog
6. DR-DOS
7. Gem
8. Linux
9. et Windows

Architecture d'un ordinateur

L'architecture d'un ordinateur fait référence à la conception et à la structure interne d'un système informatique, y compris les composants matériels et logiciels qui le composent et la manière dont ils interagissent entre eux.

Voici une vue d'ensemble des principaux éléments de l'architecture d'un ordinateur :

Unité centrale de traitement (CPU) :
La CPU est le cerveau de l'ordinateur, responsable de l'exécution des instructions des programmes et du traitement des données.
Elle est composée de plusieurs unités fonctionnelles, telles que l'unité arithmétique et logique (ALU) pour les opérations mathématiques et logiques, le registre pour le stockage temporaire des données, et l'unité de contrôle pour la gestion des instructions.

Mémoire :
La mémoire de l'ordinateur est utilisée pour stocker les données et les instructions nécessaires au fonctionnement des programmes.
Il existe plusieurs types de mémoire, notamment la mémoire vive (RAM) pour le stockage temporaire des données en cours de traitement, la mémoire cache pour accélérer l'accès aux données fréquemment utilisées, et la mémoire de stockage à long terme (disque dur, SSD) pour le stockage permanent des données.

Bus système :
Le bus système est un système de communication qui relie les différents composants de l'ordinateur, permettant le transfert de données et d'instructions entre la CPU, la mémoire et les périphériques.
Il est composé de plusieurs bus, tels que le bus de données pour le transfert de données, le bus d'adresse pour l'adressage des emplacements mémoire, et le bus de contrôle pour le contrôle des opérations.

Périphériques d'entrée/sortie :
Les périphériques d'entrée permettent à l'utilisateur d'envoyer des données à l'ordinateur, tels que le clavier, la souris, le scanner, etc.

Les périphériques de sortie affichent les résultats du traitement informatique à l'utilisateur, tels que l'écran, l'imprimante, les haut-parleurs, etc.

Les périphériques d'entrée/sortie facilitent l'interaction entre l'utilisateur et l'ordinateur.

Système d'exploitation (OS) :

Le système d'exploitation est un logiciel essentiel qui gère les ressources matérielles et fournit une interface entre l'utilisateur et l'ordinateur.

Il coordonne l'exécution des programmes, gère la mémoire et les périphériques, fournit des services de gestion des fichiers, et assure la sécurité et la protection des données.

En résumé, l'architecture d'un ordinateur est un ensemble complexe de composants matériels et logiciels interconnectés, travaillant ensemble pour exécuter des programmes, traiter des données et permettre à l'utilisateur d'interagir avec l'ordinateur.

Systèmes d'exploitation

Les systèmes d'exploitation (SE) sont des logiciels fondamentaux qui fournissent une interface entre le matériel d'un ordinateur et les programmes/utilisateurs qui l'utilisent.

Gestion des ressources : Les SE gèrent les ressources matérielles telles que le processeur, la mémoire, le stockage et les périphériques d'entrée/sortie. Ils allouent ces ressources aux différents programmes en cours d'exécution pour garantir un fonctionnement fluide du système.

Interface utilisateur : Les systèmes d'exploitation fournissent une interface utilisateur permettant aux utilisateurs d'interagir avec l'ordinateur. Cela peut inclure des interfaces graphiques (GUI) telles que Windows, macOS et de nombreux environnements de bureau Linux, ainsi que des interfaces en ligne de commande (CLI) comme celles utilisées dans les distributions Linux/Unix.

Gestion des fichiers : Les SE offrent un moyen d'organiser et de manipuler les fichiers et répertoires sur le stockage de masse. Cela inclut la création, la suppression, la copie et le déplacement de fichiers, ainsi que la gestion des autorisations d'accès.

Exécution de programmes : Les SE fournissent un environnement d'exécution pour les programmes applicatifs. Ils chargent les programmes en mémoire, leur fournissent des ressources système nécessaires à leur exécution, et supervisent leur exécution.

Gestion des processus : Les systèmes d'exploitation gèrent les processus en cours d'exécution sur l'ordinateur. Cela inclut la création, l'arrêt, la suspension et la reprise des processus, ainsi que la gestion de leur ordonnancement sur le processeur.

Sécurité : Les SE offrent des mécanismes de sécurité pour protéger le système contre les accès non autorisés, les logiciels malveillants et d'autres menaces. Cela peut inclure des pare-feu, des systèmes de contrôle d'accès, des antivirus, etc.

Gestion des réseaux : De nombreux SE incluent des fonctionnalités de gestion des réseaux pour permettre à l'ordinateur de se connecter à d'autres systèmes sur un réseau local ou sur Internet. Cela inclut la configuration des paramètres réseau, la gestion des connexions et la sécurité réseau.

Maintenance du système : Les systèmes d'exploitation fournissent des outils et des mécanismes pour la maintenance du système, tels que la gestion des mises à jour logicielles, la surveillance des performances, la journalisation des événements et les diagnostics des problèmes.

Les systèmes d'exploitation les plus couramment utilisés sont Windows, macOS et les distributions Linux. Chacun a ses propres caractéristiques, avantages et inconvénients, adaptés à différents types d'utilisateurs et d'applications.

Matériel informatique et périphériques

Le matériel informatique et les périphériques désignent les composants physiques d'un système informatique et les dispositifs externes qui interagissent avec lui.

Unité centrale (UC) : C'est le cœur du système, contenant le processeur, la mémoire vive (RAM), le disque dur (ou SSD), et d'autres composants essentiels.

Processeur (CPU) : Responsable du traitement des instructions et des calculs. Les processeurs modernes sont souvent multicœurs pour une performance optimisée.

Mémoire vive (RAM) : Utilisée par l'ordinateur pour exécuter des programmes en cours d'utilisation. Une mémoire vive plus grande permet d'exécuter plus de programmes simultanément sans ralentissement.

Disque dur/SSD : Stockage permanent des données. Les disques durs traditionnels offrent une capacité de stockage plus importante tandis que les SSD sont plus rapides et plus fiables.

Carte mère : Connecte tous les composants du système, y compris le CPU, la RAM, les cartes d'extension et les périphériques de stockage.

Carte graphique (GPU) : Gère les graphismes et l'affichage sur l'écran. Les GPU dédiés sont souvent utilisés pour les jeux et les applications graphiques intensives.

En ce qui concerne les périphériques :

Clavier et souris : Essentiels pour interagir avec l'ordinateur.

Écran (moniteur) : Affiche les informations et les graphismes générés par l'ordinateur.

Imprimante/scanner : Pour l'impression de documents et la numérisation de fichiers.

Casque/microphone : Pour l'audio et les communications en ligne.

Webcam : Pour les appels vidéo et la capture d'images.

Périphériques de stockage externes : Comme les clés USB, les disques durs externes, etc., pour le stockage et le transfert de données.

L'évolution technologique entraîne constamment des améliorations dans ces domaines, avec des performances accrues, des tailles réduites et de nouvelles fonctionnalités.

Logiciels et applications

Les logiciels et les applications sont des programmes informatiques conçus pour effectuer des tâches spécifiques sur un ordinateur ou un appareil mobile.

Systèmes d'exploitation (OS) : Les logiciels de base qui contrôlent le matériel et permettent aux autres programmes de s'exécuter. Les exemples incluent Windows, macOS, Linux pour les ordinateurs de bureau, et Android, iOS pour les appareils mobiles.

Logiciels de productivité : Ils comprennent des outils tels que les suites bureautiques (Microsoft Office, LibreOffice), les applications de messagerie électronique (Outlook, Gmail), les logiciels de traitement de texte (Word, Google Docs), les tableurs (Excel, Google Sheets), etc.

Navigateurs web : Ils permettent d'accéder et de naviguer sur Internet. Les navigateurs populaires incluent Google Chrome, Mozilla Firefox, Microsoft Edge, Safari, etc.

Logiciels de création et d'édition : Ils sont utilisés pour créer, modifier et manipuler divers types de contenus, tels que des images (Adobe Photoshop, GIMP), des vidéos (Adobe Premiere, Final Cut Pro), des fichiers audio (Audacity), etc.

Applications mobiles : Conçues pour les appareils mobiles, elles offrent une variété de fonctionnalités telles que les réseaux sociaux (Facebook, Instagram), les jeux (Candy Crush, Among Us), les services de messagerie (WhatsApp, Messenger), les applications de productivité (Evernote, Trello), etc.

Logiciels spécialisés : Ils répondent à des besoins spécifiques dans divers domaines tels que la conception assistée par ordinateur (CAO), la programmation, la comptabilité, la gestion de projet, la modélisation 3D, etc.

Logiciels open source : Ils sont distribués avec un code source librement accessible, permettant à quiconque de les étudier, de les modifier et de les distribuer. Exemples : Linux, Apache, Firefox, LibreOffice, OpenOffice.

Applications en nuage (Cloud) : Elles fonctionnent sur des serveurs distants et sont accessibles via Internet. Cela inclut les services de stockage en ligne (Google Drive, Dropbox), les applications de gestion de projet (Trello, Asana), les plateformes de communication (Slack, Zoom), etc.

Les logiciels et les applications évoluent constamment pour répondre aux besoins changeants des utilisateurs et des industries, avec des mises à jour régulières pour ajouter de nouvelles fonctionnalités, améliorer la sécurité et optimiser les performances.

Les réseaux

Ce qui fait de l'informatique, ce qu'elle est aujourd'hui, ce sont d'une part les ordinateurs et d'autre part les réseaux.

Les réseaux, c'est ce qui relie les ordinateurs entre eux. On distingue les réseaux de type familial (à votre domicile), les réseaux à l'intérieur d'une entreprise (permet de faire communiquer les ordinateurs et les imprimantes d'une entreprise entre eux) et l'internet (le réseau des réseaux). L'internet est un gigantesque réseau puisqu'il couvre la totalité du globe terrestre et permet de communiquer entre nous au moyen d'une simple connexion internet.

Les réseaux informatiques sont essentiels dans le monde moderne de l'informatique et des communications. Un réseau informatique est un ensemble d'appareils interconnectés qui peuvent communiquer et partager des ressources entre eux.

Principes de base des réseaux informatiques

Définition et types :
….Un réseau informatique peut être défini comme un ensemble d'appareils interconnectés qui partagent des ressources et des informations. Il existe plusieurs types de réseaux, notamment les réseaux locaux (LAN), les réseaux étendus (WAN), les réseaux sans fil (Wi-Fi), les réseaux métropolitains (MAN), etc.

Composants d'un réseau :
….Les composants essentiels d'un réseau informatique comprennent les périphériques actifs tels que les routeurs, les commutateurs, les concentrateurs (hubs) et les points d'accès sans fil (AP), ainsi que les périphériques finaux tels que les ordinateurs, les smartphones, les imprimantes, etc.

Communication :
   Les réseaux informatiques permettent la communication et le partage de ressources entre différents appareils, tels que des ordinateurs, des serveurs, des imprimantes et des périphériques mobiles. Ces appareils communiquent entre eux en utilisant des protocoles de communication standardisés.

Topologie :
   La topologie d'un réseau fait référence à la manière dont les appareils sont connectés les uns aux autres. Les topologies courantes incluent le réseau en étoile, où tous les appareils sont connectés à un concentrateur central ou un commutateur, le réseau en anneau, où les appareils sont connectés en boucle, et le réseau en bus, où les appareils sont connectés à un seul câble.

Protocoles :
   Les protocoles sont des ensembles de règles et de conventions qui définissent la manière dont les appareils communiquent sur un réseau. Les protocoles courants incluent TCP/IP (Transmission Control Protocol/Internet Protocol) pour la communication sur Internet, HTTP (Hypertext Transfer Protocol) pour le transfert de données sur le web, et SMTP (Simple Mail Transfer Protocol) pour l'envoi de courriers électroniques.

Adresse IP :
   Chaque appareil sur un réseau est identifié par une adresse IP (Internet Protocol), qui est une

série de chiffres unique à chaque appareil. Les adresses IP peuvent être attribuées de manière statique (fixe) ou dynamique (attribuée automatiquement par un serveur DHCP).

Routeurs et commutateurs :
   Les routeurs et les commutateurs sont des périphériques qui facilitent la transmission des données sur un réseau. Les routeurs dirigent le trafic entre différents réseaux, tandis que les commutateurs relient plusieurs appareils au sein d'un même réseau local (LAN).

Bande passante et latence :
   La bande passante fait référence à la quantité de données pouvant être transmise sur un réseau en un laps de temps donné, mesurée en bits par seconde (bps). La latence désigne le délai entre l'envoi et la réception de données sur un réseau, mesurée en millisecondes (ms). Des réseaux à large bande passante et à faible latence sont essentiels pour des performances optimales.

Services et applications :
....Les réseaux informatiques permettent une variété de services et d'applications, notamment le partage de fichiers, l'accès à Internet, la communication par courrier électronique, la vidéoconférence, l'accès à des bases de données distantes, etc.

Sécurité :
....La sécurité des réseaux informatiques est d'une importance cruciale. Les réseaux doivent être sécurisés contre les accès non autorisés, les intrusions, les virus et les attaques malveillantes. Des mesures de sécurité telles que l'authentification, le cryptage des données, les pare-feu et les logiciels antivirus sont essentielles pour protéger les réseaux et les données qui y circulent.

En résumé, les réseaux informatiques sont un élément fondamental de l'infrastructure informatique moderne, permettant la communication, le partage de ressources et l'accès à l'information à l'échelle mondiale. Ils jouent un rôle essentiel dans tous les aspects de la société moderne, des entreprises aux foyers, en passant par les institutions gouvernementales et les organisations à but non lucratif.

En comprenant ces principes de base, vous serez mieux équipé pour comprendre le fonctionnement des réseaux informatiques et pour résoudre les problèmes qui peuvent survenir dans leur configuration et leur utilisation.

Protocoles de communication (TCP/IP, HTTP, etc.)

Configuration et gestion de réseaux

La configuration et la gestion de réseaux informatiques sont des processus essentiels pour assurer le bon fonctionnement et la sécurité des infrastructures réseau.

Voici un aperçu des principaux aspects de la configuration et de la gestion des réseaux :

Planification du réseau : Avant de configurer un réseau, il est important de planifier son architecture et sa topologie. Cela inclut la conception des sous-réseaux, le choix des équipements réseau appropriés (routeurs, commutateurs, pare-feux, etc.), l'adressage IP, la sécurité, la redondance et la capacité.

Configuration des équipements réseau : Une fois le plan établi, les équipements réseau doivent être configurés en fonction des besoins du réseau. Cela inclut la configuration des paramètres IP, des protocoles de routage, des listes de contrôle d'accès (ACL), des VLAN (Virtual LAN), des règles de pare-feu, etc.

Gestion des utilisateurs et des droits d'accès : La gestion des utilisateurs et des droits d'accès est cruciale pour assurer la sécurité du réseau. Cela inclut la création de comptes utilisateur, l'attribution de permissions appropriées, la gestion des groupes d'utilisateurs, la mise en œuvre de politiques de sécurité, etc.

Surveillance du réseau : La surveillance du réseau permet de détecter les problèmes de performance, les anomalies de trafic, les pannes matérielles et les attaques de sécurité. Des outils de surveillance réseau tels que les systèmes de gestion des réseaux (NMS), les protocoles de supervision tels que SNMP (Simple Network Management Protocol), les sondes de surveillance de trafic, etc., sont utilisés à cette fin.

Gestion des incidents et des problèmes : En cas de problème ou d'incident sur le réseau, il est important de pouvoir intervenir rapidement pour résoudre le problème. La mise en place de processus de gestion des incidents, de systèmes d'alerte et de procédures de résolution des problèmes est essentielle pour minimiser les temps d'arrêt et maintenir la disponibilité du réseau.

Sécurité du réseau : La sécurité du réseau est un aspect crucial de la gestion des réseaux. Cela inclut la mise en œuvre de pare-feu, de VPN (Virtual Private Network), de systèmes de détection d'intrusion (IDS/IPS), de filtrage de contenu, de chiffrement, de politiques de mots de passe, de mises à jour de sécurité, etc.

Sauvegarde et reprise après sinistre : La sauvegarde régulière des configurations réseau, des bases de données, des fichiers de journalisation et d'autres données critiques est importante pour assurer la disponibilité et l'intégrité du réseau en cas de sinistre. Des plans de reprise après sinistre doivent être établis pour restaurer rapidement les opérations en cas d'incident majeur.

En résumé, la configuration et la gestion des réseaux informatiques impliquent la planification, la configuration, la surveillance, la maintenance et la sécurisation des infrastructures réseau pour garantir leur bon fonctionnement, leur disponibilité et leur sécurité. Un bon réseau bien géré est essentiel pour répondre aux besoins en constante évolution des organisations et des utilisateurs.

Sécurité des réseaux

La sécurité des réseaux en informatique est une discipline visant à protéger les données, les systèmes et les infrastructures réseau contre les menaces potentielles, telles que les accès non autorisés, les interceptions de données, les attaques par déni de service (DDoS), les logiciels malveillants et d'autres formes d'activités malveillantes.

Pare-feu (Firewall) : Les pare-feu sont des dispositifs de sécurité qui filtrent le trafic réseau en fonction de règles prédéfinies, bloquant ainsi les connexions non autorisées et les attaques provenant de l'extérieur du réseau. Ils peuvent être mis en place au niveau du réseau, de l'hôte ou de l'application pour contrôler le trafic entrant et sortant.

Sécurité des accès : La gestion des accès et des identités est essentielle pour limiter l'accès aux ressources réseau aux seuls utilisateurs autorisés. Cela inclut l'authentification des utilisateurs, l'autorisation des accès en fonction des rôles et des permissions, la gestion des mots de passe, l'authentification à deux facteurs (2FA), etc.

Chiffrement des données : Le chiffrement est utilisé pour protéger la confidentialité des données en transit sur le réseau. Les protocoles de chiffrement tels que SSL/TLS sont utilisés pour sécuriser les communications Web, tandis que les VPN (Virtual Private Network) sont utilisés pour créer des tunnels sécurisés entre les appareils distants via Internet.

Détection et prévention des intrusions (IDS/IPS) : Les systèmes de détection et de prévention des intrusions surveillent le trafic réseau à la recherche de comportements suspects ou de signatures d'attaques connues. Ils peuvent détecter et bloquer les attaques en temps réel, ainsi que fournir des alertes pour informer les administrateurs de la sécurité.

Gestion des vulnérabilités : La gestion des vulnérabilités vise à identifier, évaluer et corriger les failles de sécurité dans les systèmes et les logiciels réseau. Cela implique la mise à jour régulière des logiciels avec les derniers correctifs de sécurité, la surveillance des avis de sécurité, la numérisation des vulnérabilités, etc.

Politiques de sécurité : La mise en place de politiques de sécurité claires et applicables est essentielle pour garantir la conformité réglementaire et la cohérence des pratiques de sécurité. Cela inclut l'élaboration de politiques pour la gestion des mots de passe, la sécurité des e-mails, l'utilisation des ressources réseau, la sécurité physique, etc.

Formation et sensibilisation : La sensibilisation à la sécurité est importante pour éduquer les utilisateurs sur les meilleures pratiques de sécurité, les risques potentiels et les politiques de sécurité de l'entreprise. La formation régulière sur la sécurité peut contribuer à réduire les erreurs humaines et à renforcer la sécurité globale du réseau.

Surveillance et journalisation : La surveillance continue du réseau et la journalisation des événements sont essentielles pour détecter les activités suspectes, les anomalies de trafic et les tentatives d'attaques. Les journaux d'activité peuvent être utilisés pour l'analyse des incidents de sécurité, la génération de rapports de conformité et la réponse aux incidents.

En résumé, la sécurité des réseaux est une discipline complexe qui nécessite une approche multifacette pour protéger les infrastructures réseau contre les menaces potentielles. En mettant en œuvre des mesures de sécurité appropriées, les organisations peuvent réduire les risques d'incidents de sécurité et protéger leurs données et leurs systèmes critiques.

Les adresses IP

Une adresse IP, ou Adresse Protocole Internet, est un identifiant unique attribué à chaque appareil connecté à un réseau informatique qui utilise le protocole Internet (IP) pour communiquer.

Fonctionnement : Une adresse IP est un numéro unique attribué à chaque appareil connecté à un réseau, qu'il s'agisse d'un ordinateur, d'un smartphone, d'une imprimante, d'un routeur, etc. Cette adresse permet d'identifier de manière unique chaque appareil sur le réseau et de le distinguer des autres appareils.

Types d'adresses IP : Il existe deux principales versions du protocole IP, à savoir IPv4 et IPv6. IPv4 est la version la plus couramment utilisée et utilise des adresses IP composées de quatre nombres décimaux séparés par des points (par exemple, 192.168.1.1). IPv6 est une version plus récente qui utilise des adresses IP composées de huit groupes de chiffres hexadécimaux séparés par des deux-points (par exemple, 2001:0db8:85a3:0000:0000:8a2e:0370:7334).

Attribution des adresses IP : Les adresses IP peuvent être attribuées de manière statique ou dynamique. Une adresse IP statique est configurée manuellement sur l'appareil et reste constante dans le temps. Une adresse IP dynamique est attribuée automatiquement par un serveur DHCP (Dynamic Host Configuration Protocol) et peut changer à chaque connexion au réseau.

Routage des paquets : Les adresses IP sont utilisées pour acheminer les paquets de données à travers le réseau jusqu'à leur destination finale. Les routeurs utilisent les adresses IP pour déterminer le chemin optimal à emprunter pour chaque paquet en fonction de leur adresse de destination.

Utilisations : Les adresses IP sont utilisées dans de nombreux contextes, notamment pour identifier les appareils sur Internet, configurer des réseaux locaux, filtrer et bloquer le trafic réseau, surveiller l'activité en ligne, et bien d'autres.

Vie privée et sécurité : Les adresses IP peuvent révéler des informations sur l'emplacement géographique et l'identité des utilisateurs, ce qui soulève des préoccupations en matière de vie privée. De plus, les adresses IP peuvent être utilisées par les attaquants pour cibler des appareils et des réseaux vulnérables, ce qui en fait une cible potentielle d'attaques en ligne.

En résumé, les adresses IP sont des identifiants uniques attribués à chaque appareil connecté à un réseau informatique, leur permettant de communiquer entre eux et de naviguer sur Internet. Elles jouent un rôle essentiel dans le fonctionnement d'Internet et des réseaux informatiques en général.

Les débuts d'internet

ARPANET

L'internet est un gigantesque réseau puisqu'il couvre la totalité du globe terrestre et permet de communiquer entre nous au moyen d'une simple connexion internet.
C'est à fin des années 60 et au début des années 70 que le continent américain, décide créer un réseau permettant l'interconnexion (intégration d'un ensemble par des connexions) de site informatique sur tout le pays. Ce réseau fut appelé Arpanet, il était le précurseur d'Internet.

ARPANET, ou Advanced Research Projects Agency Network, était un réseau de communication informatique pionnier qui a posé les bases de ce qui est aujourd'hui Internet. Créé à la fin des années 1960 par l'agence de recherche avancée de projets de défense (ARPA, maintenant connue sous le nom de DARPA), ARPANET visait à permettre le partage de ressources informatiques entre des institutions de recherche et de développement aux États-Unis.

Voici quelques points clés à savoir sur ARPANET :

Origines et Objectifs : ARPANET a été créé dans le cadre des efforts de recherche de l'ARPA pour développer des technologies avancées pour les communications militaires. L'objectif était de créer un réseau robuste capable de résister à une éventuelle attaque nucléaire en permettant la transmission décentralisée des données.

Architecture et Protocoles : ARPANET utilisait une architecture décentralisée basée sur le concept de "commutation de paquets". Cette approche fragmentait les données en petits paquets, qui pouvaient être envoyés individuellement à travers le réseau avant d'être réassemblés à leur destination. Le protocole principal utilisé sur ARPANET était le protocole NCP (Network Control Program), qui a ensuite été remplacé par le protocole TCP/IP qui est toujours utilisé sur Internet aujourd'hui.

Expansion et Influence : ARPANET a connu une croissance rapide au cours des années 1970, avec de nombreuses universités, instituts de recherche et laboratoires gouvernementaux rejoignant le réseau. Son influence a été énorme, non seulement en tant que précurseur d'Internet, mais aussi en stimulant le développement de nombreuses technologies et concepts clés tels que le courrier électronique, le transfert de fichiers et les protocoles de communication réseau.

Transition vers Internet : Au fil du temps, ARPANET est devenu de plus en plus interconnecté avec d'autres réseaux de recherche et militaires, ce qui a conduit à l'émergence d'un réseau mondial de réseaux, connu sous le nom d'Internet. En 1990, ARPANET a été officiellement désactivé, mais son héritage perdure dans la structure et les principes fondamentaux d'Internet que nous connaissons aujourd'hui.

En résumé, ARPANET était un réseau pionnier qui a joué un rôle essentiel dans le développement d'Internet. Son architecture décentralisée et ses protocoles de communication novateurs ont ouvert la voie à une ère de connectivité mondiale et de collaboration en ligne.

La DARPA

Vinton Cerf et Robert Kahn sont deux chercheurs qui inventaient, au sein de la DARPA, en 1974 le protocole IP, à la base de tout échange de données sur le réseau. Ils sont considérés comme les pères fondateurs d'Internet. La DARPA (Defense Advanced Research Projects Agency) est une agence du département de la Défense des États-Unis chargée de la recherche et développement des nouvelles technologies destinées à un usage militaire.

La DARPA, ou Defense Advanced Research Projects Agency, est une agence du département américain de la Défense (DoD) chargée de la recherche et du développement de technologies militaires avancées. Fondée en 1958 en réponse au lancement du satellite Spoutnik par l'Union soviétique, la DARPA a été créée dans le but de maintenir la supériorité technologique des États-Unis dans les domaines militaires stratégiques.

Voici quelques points clés concernant la DARPA :

Mission : La mission de la DARPA est de développer des technologies révolutionnaires pour renforcer les capacités militaires américaines, en se concentrant sur des projets à haut risque et à haut rendement qui pourraient offrir des avantages stratégiques significatifs.

Approche innovante : La DARPA est connue pour son approche audacieuse et innovante en matière de recherche et développement. Elle soutient souvent des projets novateurs dans des domaines tels que l'informatique, l'intelligence artificielle, les sciences de la vie, la robotique, les communications et bien d'autres encore.

Contributions majeures : La DARPA a joué un rôle central dans le développement de nombreuses technologies qui ont eu un impact majeur sur la société, notamment le GPS, le réseau ARPANET (précurseur d'Internet), les drones, les avancées en matière d'intelligence artificielle, les technologies de reconnaissance faciale, et bien d'autres encore.

Collaboration avec le secteur privé et les universités : La DARPA collabore étroitement avec des entreprises privées, des universités et d'autres organismes de recherche pour réaliser ses objectifs. Ces partenariats permettent souvent de combiner l'expertise et les ressources du secteur privé avec les objectifs de défense de l'agence.

Sécurité et éthique : Bien que la DARPA soit axée sur la recherche et le développement de technologies militaires, elle est également attentive aux questions de sécurité et d'éthique. Elle prend des mesures pour s'assurer que ses projets respectent les lois nationales et les normes éthiques, tout en minimisant les risques pour la sécurité et la vie privée.

En résumé, la DARPA est une agence de recherche et développement militaire réputée pour son approche innovante et son historique de réalisations technologiques révolutionnaires.

L'ICANN

L'ICANN, l'Internet Corporation for Assigned Names and Numbers, est une organisation à but non lucratif qui joue un rôle essentiel dans la gestion des noms de domaine et des adresses IP sur Internet. Fondée en 1998, l'ICANN est chargée de coordonner les politiques et les normes techniques liées aux noms de domaine et aux adresses IP afin de garantir le bon fonctionnement et la stabilité d'Internet.

Voici quelques-unes des principales responsabilités de l'ICANN :

Attribution des noms de domaine : L'ICANN est chargée de superviser l'attribution des noms de domaine de premier niveau (TLD), tels que .com, .org, .net, ainsi que des TLD de pays (ccTLD), comme .fr pour la France ou .uk pour le Royaume-Uni.

Gestion des serveurs racine : L'ICANN supervise les serveurs racine du système de noms de domaine (DNS), qui constituent l'infrastructure de base permettant de traduire les noms de domaine en adresses IP et vice versa.

Élaboration de politiques : L'ICANN facilite le processus d'élaboration de politiques impliquant les parties prenantes d'Internet, telles que les registraires de noms de domaine, les registres de TLD et les utilisateurs finaux. Ces politiques abordent des questions telles que la protection des marques, la confidentialité des données WHOIS, et d'autres aspects liés à la gestion des noms de domaine.

Coordination des identificateurs uniques : En plus des noms de domaine, l'ICANN supervise également la coordination d'autres identificateurs uniques sur Internet, tels que les adresses IP et les protocoles de numérotation (IPv4 et IPv6).

L'ICANN fonctionne selon un modèle multipartite, impliquant la participation de diverses parties prenantes, notamment des gouvernements, des entreprises, des organisations de la société civile et des utilisateurs individuels. Son objectif principal est de promouvoir un Internet mondial ouvert, stable et sécurisé, tout en tenant compte des intérêts et des besoins de toutes les parties prenantes impliquées.

La CNIL

La CNIL, ou Commission nationale de l'informatique et des libertés, est une autorité administrative indépendante française chargée de protéger les données personnelles et la vie privée des individus dans le contexte de l'utilisation des technologies de l'information.

Mission : La principale mission de la CNIL est de veiller au respect des droits et des libertés des individus en matière de protection des données personnelles. Elle agit en tant qu'autorité de contrôle chargée de faire respecter les dispositions de la législation française et européenne en matière de protection des données, notamment le Règlement Général sur la Protection des Données (RGPD).

Réglementation : La CNIL élabore et publie des lignes directrices, des recommandations et des avis juridiques sur les questions liées à la protection des données personnelles. Elle est également chargée de contrôler le respect de la législation en matière de protection des données par les entreprises, les administrations publiques et d'autres organisations.

Contrôle et sanction : La CNIL dispose de pouvoirs de contrôle et d'investigation pour vérifier le respect des règles de protection des données par les organisations. En cas de non-conformité, elle peut infliger des sanctions administratives, des amendes et des mesures correctives aux responsables de traitement de données.

Conseil et assistance : La CNIL fournit également des conseils et une assistance aux entreprises et aux particuliers sur les questions liées à la protection des données personnelles. Elle offre des ressources en ligne, des formations et des sessions d'information pour sensibiliser les parties prenantes aux enjeux de la vie privée et de la sécurité des données.

Collaboration internationale : La CNIL collabore avec d'autres autorités de protection des données dans le cadre de la coopération européenne et internationale. Elle participe à des groupes de travail, des projets de recherche et des initiatives visant à renforcer la protection des données à l'échelle mondiale.

En résumé, la CNIL joue un rôle crucial dans la protection de la vie privée et des données personnelles en France. Elle exerce des fonctions de contrôle, de réglementation, de conseil et d'assistance pour garantir le respect des droits des individus en matière de protection des données dans un environnement numérique en constante évolution.

La sécurité informatique

La sécurité informatique est un domaine crucial dans le monde moderne de la technologie. Elle concerne la protection des systèmes informatiques, des réseaux, des données et des informations contre les menaces potentielles telles que les cyberattaques, les intrusions, les virus, les logiciels malveillants, les tentatives de vol de données, etc.

Fondamentaux de la sécurité informatique

Les fondamentaux de la sécurité informatique comprennent un ensemble de principes, de pratiques et de mesures visant à protéger les systèmes informatiques, les données et les utilisateurs contre les menaces et les risques de sécurité.

Voici quelques-uns des principaux fondamentaux de la sécurité informatique :

Identification et authentification : Il est essentiel d'identifier les utilisateurs et les systèmes qui accèdent aux ressources informatiques, ainsi que de vérifier leur identité de manière sécurisée. Cela implique l'utilisation de mécanismes d'authentification tels que les mots de passe, les certificats numériques, les jetons d'authentification, etc.

Gestion des accès et des autorisations : Contrôler et gérer les droits d'accès des utilisateurs aux ressources informatiques en fonction de leurs rôles et de leurs responsabilités. Cela inclut la mise en œuvre de politiques d'accès, de listes de contrôle d'accès (ACL), de privilèges minimums, etc.

Protection des données : Mettre en place des mesures de sécurité pour protéger l'intégrité, la confidentialité et la disponibilité des données sensibles. Cela comprend le chiffrement des données, la sauvegarde régulière, la mise en place de contrôles d'accès appropriés, etc.

Gestion des vulnérabilités et des correctifs : Identifier, évaluer et corriger les vulnérabilités de sécurité dans les systèmes informatiques pour réduire les risques d'exploitation par des attaquants. Cela implique de maintenir à jour les logiciels, les systèmes d'exploitation et les périphériques réseau avec les derniers correctifs de sécurité.

Détection et réponse aux incidents : Mettre en place des mécanismes de détection des incidents de sécurité et des anomalies dans les systèmes informatiques, ainsi que des procédures pour répondre rapidement et efficacement aux incidents lorsqu'ils se produisent. Cela inclut la surveillance des journaux d'activité, la mise en place de systèmes de détection d'intrusion (IDS), la formation du personnel sur la réponse aux incidents, etc.

Sensibilisation à la sécurité : Sensibiliser les utilisateurs et le personnel de l'organisation aux risques de sécurité informatique, aux meilleures pratiques et aux politiques de sécurité. Cela implique la formation régulière sur la sécurité, la diffusion d'informations sur les menaces actuelles, la promotion d'une culture de la sécurité, etc.

Conformité et réglementation : Respecter les lois, les réglementations et les normes en matière de sécurité informatique qui s'appliquent à l'organisation, telles que le RGPD en Europe, la norme PCI DSS pour les paiements par carte de crédit, etc.

Sécurité physique : Protéger l'accès physique aux équipements informatiques, aux serveurs et aux données sensibles en utilisant des mesures de sécurité telles que les serrures, les badges d'accès, les caméras de surveillance, etc.

En adoptant et en mettant en œuvre ces fondamentaux de la sécurité informatique, les organisations peuvent renforcer leur posture de sécurité et réduire les risques d'incidents et de violations de données.

Mesures de prévention et de protection

Les mesures de prévention et de protection en matière de sécurité informatique visent à réduire les risques d'incidents de sécurité et à protéger les systèmes, les données et les utilisateurs contre les menaces informatiques.

Sensibilisation à la sécurité : Former et sensibiliser les utilisateurs et le personnel de l'organisation aux bonnes pratiques de sécurité informatique, aux menaces courantes, aux techniques d'ingénierie sociale et aux politiques de sécurité de l'entreprise.

Mise à jour et gestion des correctifs : Maintenir à jour les logiciels, les systèmes d'exploitation et les périphériques réseau avec les derniers correctifs de sécurité pour corriger les vulnérabilités connues et réduire les risques d'exploitation par des attaquants.

Gestion des mots de passe : Mettre en place des politiques de gestion des mots de passe robustes, telles que l'utilisation de mots de passe forts, la rotation régulière des mots de passe, l'authentification à deux facteurs (2FA), et l'évitement de l'utilisation de mots de passe par défaut.

Contrôle d'accès et gestion des identités : Mettre en œuvre des mécanismes de contrôle d'accès pour limiter l'accès aux systèmes et aux données sensibles en fonction des rôles et des responsabilités des utilisateurs, ainsi que des principes du besoin de savoir et du principe du moindre privilège.

Cryptage des données : Utiliser le cryptage pour protéger les données sensibles en transit et au repos, en particulier les données stockées sur des périphériques mobiles, des supports de stockage externes et des services de stockage cloud.

Sécurisation des réseaux : Mettre en place des pare-feux, des systèmes de détection d'intrusion (IDS/IPS), des filtres de paquets et d'autres dispositifs de sécurité réseau pour protéger les réseaux contre les attaques externes et internes.

Sauvegarde et reprise après sinistre : Effectuer des sauvegardes régulières des données critiques et mettre en place des plans de reprise après sinistre pour restaurer les opérations en cas d'incidents de sécurité, de pannes matérielles ou de catastrophes naturelles.

Surveillance et détection des menaces : Mettre en place des systèmes de surveillance et de détection des menaces pour identifier les activités suspectes, les comportements anormaux et les incidents de sécurité potentiels, et prendre des mesures correctives rapidement.

Gestion des incidents de sécurité : Élaborer des plans de réponse aux incidents de sécurité pour gérer efficacement les incidents lorsqu'ils se produisent, y compris la notification des parties prenantes, l'analyse des causes racines et la mise en œuvre de mesures correctives.

Conformité et réglementation : Respecter les lois, les réglementations et les normes en matière de sécurité informatique qui s'appliquent à l'organisation, telles que le RGPD en Europe, la norme PCI DSS pour les paiements par carte de crédit, etc.

En mettant en œuvre ces mesures de prévention et de protection, les organisations peuvent renforcer leur posture de sécurité informatique et réduire les risques d'incidents de sécurité et de violations de données.

Comment faire un bon mot de passe

Pour créer un bon mot de passe, il est important de suivre quelques bonnes pratiques de sécurité.

Voici quelques conseils pour vous aider à créer un mot de passe solide :

Longueur : Utilisez un mot de passe d'au moins 12 caractères. Plus le mot de passe est long, plus il est difficile à deviner ou à craquer.

Complexité : Utilisez une combinaison de lettres majuscules et minuscules, de chiffres et de caractères spéciaux. Évitez d'utiliser des mots du dictionnaire, des noms propres ou des informations personnelles facilement devinables.

Variété : Ne réutilisez pas le même mot de passe pour plusieurs comptes. Si un compte est compromis, cela ne compromettra pas vos autres comptes.

Évitez les informations personnelles : N'utilisez pas de données personnelles telles que votre nom, votre date de naissance, votre numéro de téléphone, etc.

Méthode mnémonique : Utilisez une phrase facile à retenir et transformez-la en un mot de passe en utilisant les premières lettres de chaque mot, en y ajoutant des chiffres et des caractères spéciaux. Par exemple, "J'aime les chats depuis toujours !" pourrait devenir "J@im3lc$dT!".

Évitez les mots de passe évidents : Évitez les mots de passe évidents comme "motdepasse", "123456", "azerty", etc. Ces mots de passe sont très faibles et facilement devinables.

Mises à jour régulières : Changez votre mot de passe régulièrement, au moins tous les 3 à 6 mois, surtout pour les comptes sensibles.

Utilisez un gestionnaire de mots de passe : Un gestionnaire de mots de passe peut vous aider à générer, stocker et gérer en toute sécurité vos mots de passe. Assurez-vous de choisir un gestionnaire de mots de passe réputé et sécurisé.

Vous pouvez aussi utiliser un fichier de mots de passe que vous aurez au préalable protégé par un mot de passe. Ce fichier de mot de passe pourra se trouver dans votre ordinateur, sur un disque usb externe, mais pas sur internet, car lorsqu'un fichier se trouve quelque part sur internet, il risque d'être tôt ou tard ouvert par une personne malveillante.
N'appelez surtout pas ce fichier « fichierdemotsdepasse ». Personne ne peut retenir plus de 50 mots de passe compliqués, surtout si vous les changez régulièrement.

Le mot de passe le plus important est celui de votre messagerie car lorsque sur sur un autre compte, vous cliquez sur « Mot de passe oublié », vous recevez automatiquement un mail vous permettant de réinitialiser votre mot de passe.

Le VPN

Un VPN, ou Réseau Privé Virtuel (Virtual Private Network), est un service qui crée un tunnel crypté sécurisé entre votre appareil et un serveur VPN situé dans un autre endroit géographique.

Protection de la confidentialité en ligne : L'une des principales fonctions d'un VPN est de protéger la confidentialité en ligne en masquant votre adresse IP et en cryptant le trafic Internet. Cela rend plus difficile pour les tiers, y compris les fournisseurs d'accès Internet (FAI) et les pirates informatiques, de surveiller vos activités en ligne.

Contournement des restrictions géographiques : Les VPN permettent de contourner les restrictions géographiques en vous permettant de changer votre adresse IP pour paraître comme si vous étiez dans un autre pays. Cela vous donne accès à du contenu en ligne normalement indisponible dans votre région, comme des services de streaming, des sites web bloqués, etc.

Sécurisation des connexions Wi-Fi publiques : L'utilisation d'un VPN est particulièrement recommandée lorsque vous vous connectez à des réseaux Wi-Fi publics, tels que dans les cafés, les aéroports ou les hôtels. Le cryptage fourni par le VPN protège vos données contre les interceptions et les écoutes non autorisées.

Anonymat en ligne : Bien qu'un VPN puisse masquer votre adresse IP, il est important de noter que cela ne rend pas votre navigation totalement anonyme. Les fournisseurs de VPN peuvent toujours avoir accès à certaines informations sur vos activités en ligne, et il est important de choisir un fournisseur de confiance qui respecte la vie privée de ses utilisateurs.

Sécurisation des télétravailleurs : Avec de plus en plus de personnes travaillant à distance, les VPN sont devenus un outil essentiel pour sécuriser les connexions des employés travaillant en dehors du réseau d'entreprise. Les VPN permettent de crypter les communications entre les employés et les serveurs de l'entreprise, assurant ainsi la confidentialité des données professionnelles.

Protection contre la censure en ligne : Dans certains pays où l'accès à Internet est restreint par des gouvernements ou des organismes de surveillance, les VPN peuvent être utilisés pour contourner la censure et accéder à un Internet ouvert et non filtré.

Il est important de choisir un fournisseur de VPN réputé et fiable, qui respecte la vie privée de ses utilisateurs et offre des performances et une sécurité de haut niveau. Les VPN sont un outil puissant pour améliorer la confidentialité en ligne et sécuriser les communications sur Internet.

Les cookies

En informatique, un cookie est un petit fichier texte stocké sur l'ordinateur d'un utilisateur par le navigateur web lorsqu'il visite un site web. Les cookies sont largement utilisés par les sites web pour stocker des informations sur les préférences des utilisateurs, leurs interactions avec le site et d'autres données utiles.

Fonctionnement : Lorsqu'un utilisateur visite un site web, le serveur du site envoie des cookies au navigateur de l'utilisateur, qui les stocke sur son ordinateur. Les cookies peuvent être récupérés par le site lors de visites ultérieures pour personnaliser l'expérience de l'utilisateur, enregistrer des préférences, suivre les activités de navigation, etc.

Types de cookies : Il existe plusieurs types de cookies, notamment :
Les cookies de session : Temporaires et stockés uniquement pendant la durée de la visite de l'utilisateur sur le site. Ils sont supprimés lorsque le navigateur est fermé.
Les cookies persistants : Stockés sur l'ordinateur de l'utilisateur pendant une période définie par le site web, même après la fermeture du navigateur. Ils sont souvent utilisés pour mémoriser les préférences des utilisateurs entre les sessions.

Utilisations courantes : Les cookies sont utilisés par les sites web pour diverses fonctions, notamment :
Authentification et sessions utilisateur.
Personnalisation de l'expérience utilisateur, telle que la langue préférée, le thème du site, etc.
Suivi des préférences de navigation et des comportements des utilisateurs.
Suivi des paniers d'achats sur les sites de commerce électronique.
Suivi des activités de marketing et de publicité en ligne.

Vie privée et sécurité : Les cookies peuvent soulever des préoccupations en matière de vie privée, car ils peuvent être utilisés pour collecter des données sur les utilisateurs sans leur consentement. C'est pourquoi de nombreuses réglementations, telles que le RGPD en Europe, exigent que les sites web obtiennent le consentement des utilisateurs avant de stocker des cookies sur leur appareil.

Gestion des cookies : Les utilisateurs ont souvent la possibilité de gérer les cookies dans leur navigateur web en autorisant, bloquant ou supprimant les cookies selon leurs préférences. Les navigateurs modernes offrent généralement des paramètres de confidentialité et de sécurité permettant de contrôler la gestion des cookies.

En résumé, les cookies sont de petits fichiers texte utilisés par les sites web pour stocker des informations sur les utilisateurs et améliorer leur expérience en ligne. Bien qu'ils soient largement utilisés et bénéfiques, les cookies soulèvent également des préoccupations en matière de vie privée, et il est important que les sites web respectent les réglementations et obtiennent le consentement des utilisateurs pour les utiliser.

Les bloqueurs de pub

Les bloqueurs de publicités, tels qu'Adblock Plus, sont des extensions de navigateur ou des applications qui permettent aux utilisateurs de filtrer et de bloquer les publicités affichées lors de la navigation sur Internet.

Fonctionnement : Les bloqueurs de publicités fonctionnent en analysant le contenu des pages web que vous visitez et en bloquant les éléments identifiés comme des publicités, tels que les bannières, les pop-ups, les annonces vidéo, les trackers de suivi, etc.

Amélioration de l'expérience de navigation : Les bloqueurs de publicités sont populaires car ils améliorent considérablement l'expérience de navigation en réduisant les distractions liées aux publicités intrusives. Cela permet aux utilisateurs de charger les pages web plus rapidement, de réduire la consommation de bande passante et de protéger leur vie privée en bloquant les trackers de suivi.

Personnalisation des filtres : La plupart des bloqueurs de publicités permettent aux utilisateurs de personnaliser les filtres pour bloquer spécifiquement certains types d'annonces, de trackers ou de contenus indésirables. Cela donne aux utilisateurs un contrôle accru sur leur expérience de navigation.

Impact sur les éditeurs de contenu : Bien que les bloqueurs de publicités offrent de nombreux avantages aux utilisateurs, ils peuvent également avoir un impact sur les éditeurs de contenu en ligne qui dépendent des revenus publicitaires pour financer leur contenu. En bloquant les publicités, les utilisateurs réduisent les revenus publicitaires des éditeurs, ce qui peut rendre plus difficile pour eux de produire du contenu de qualité gratuitement.

Acceptable Ads : Certains bloqueurs de publicités, comme Adblock Plus, offrent une fonctionnalité appelée "Acceptable Ads" qui permet l'affichage de publicités non intrusives par défaut. Cependant, les utilisateurs ont la possibilité de désactiver cette fonctionnalité s'ils le souhaitent.

Compatibilité : Les bloqueurs de publicités sont disponibles sous forme d'extensions pour une variété de navigateurs web, y compris Google Chrome, Mozilla Firefox, Safari, Microsoft Edge, etc. Certains bloqueurs de publicités sont également disponibles sous forme d'applications pour les appareils mobiles.

Éthique et débat sur le modèle économique en ligne : L'utilisation des bloqueurs de publicités soulève des questions éthiques sur le modèle économique en ligne, qui repose largement sur la publicité pour fournir des services gratuits aux utilisateurs. Certains défenseurs des bloqueurs de publicités soutiennent que les utilisateurs ont le droit de contrôler leur expérience en ligne et de protéger leur vie privée, tandis que d'autres soulignent l'impact négatif sur les éditeurs de contenu.

En résumé, les bloqueurs de publicités offrent aux utilisateurs un moyen efficace de filtrer et de bloquer les publicités indésirables lors de la navigation sur Internet, améliorant ainsi l'expérience de navigation et la protection de la vie privée. Cependant, leur utilisation soulève des questions éthiques et économiques qui continuent de faire l'objet de débats.

Éthique en matière de sécurité informatique

L'éthique en matière de sécurité informatique concerne les principes moraux et les normes de comportement qui guident les actions des professionnels de la sécurité informatique dans la protection des systèmes, des données et des utilisateurs contre les menaces et les vulnérabilités.
Voici quelques aspects clés de l'éthique en matière de sécurité informatique :

Confidentialité : Les professionnels de la sécurité informatique ont la responsabilité de protéger la confidentialité des données sensibles des utilisateurs et des organisations. Cela implique de respecter les lois et les réglementations sur la protection des données, ainsi que de maintenir la confidentialité des informations confidentielles auxquelles ils ont accès dans le cadre de leur travail.

Intégrité : Il est essentiel de garantir l'intégrité des systèmes informatiques en empêchant toute altération non autorisée des données ou du fonctionnement des systèmes. Cela comprend la mise en œuvre de contrôles de sécurité appropriés pour détecter et prévenir les atteintes à l'intégrité des données.

Disponibilité : Les professionnels de la sécurité informatique doivent veiller à ce que les systèmes et les services essentiels soient disponibles et opérationnels lorsque nécessaire. Cela implique de mettre en œuvre des mesures de prévention des interruptions et de planification des reprises après sinistre pour minimiser les temps d'arrêt.

Responsabilité : Les professionnels de la sécurité informatique ont la responsabilité de prendre des décisions éthiques et de rendre compte de leurs actions. Cela inclut la transparence dans la communication des incidents de sécurité, la coopération avec les autorités compétentes et la reconnaissance des erreurs éventuelles.

Équité : Il est important d'adopter une approche équitable dans la protection des systèmes informatiques, en traitant tous les utilisateurs et toutes les parties prenantes de manière juste et impartiale. Cela signifie éviter les préjugés et les discriminations dans la mise en œuvre des politiques de sécurité et des mesures de contrôle.

Formation et sensibilisation : Les professionnels de la sécurité informatique ont la responsabilité de se tenir informés des dernières tendances, des menaces émergentes et des meilleures pratiques en matière de sécurité. Ils doivent également promouvoir la sensibilisation à la sécurité auprès des utilisateurs finaux et des autres membres de l'organisation.

En résumé, l'éthique en matière de sécurité informatique repose sur des principes fondamentaux tels que la confidentialité, l'intégrité, la disponibilité, la responsabilité, l'équité et la sensibilisation. En suivant ces principes, les professionnels de la sécurité informatique peuvent contribuer à créer un environnement sécurisé et éthique pour l'utilisation des technologies de l'information.

Les moteurs de recherche

Les moteurs de recherche sont des outils en ligne qui permettent aux utilisateurs de trouver des informations sur Internet en effectuant des requêtes de recherche. Ils analysent des milliards de pages web pour retourner des résultats pertinents en fonction des mots-clés saisis par l'utilisateur.

Fonctionnement : Lorsqu'un utilisateur saisit une requête de recherche dans la barre de recherche du moteur de recherche, celui-ci analyse sa base de données pour trouver des pages web qui correspondent le mieux à la requête. Les résultats sont ensuite classés en fonction de leur pertinence, généralement en tenant compte de critères tels que la qualité du contenu, l'autorité du site, la pertinence des mots-clés, etc.

Indexation : Les moteurs de recherche utilisent des robots d'exploration, également appelés "bots" ou "crawlers", pour parcourir le web et indexer les pages web qu'ils trouvent. Ces robots suivent les liens entre les pages pour découvrir de nouveaux contenus et mettre à jour leur index de manière régulière.

Algorithmes de classement : Les moteurs de recherche utilisent des algorithmes de classement sophistiqués pour déterminer l'ordre des résultats de recherche. Ces algorithmes prennent en compte de nombreux facteurs, tels que la pertinence du contenu, la qualité des liens entrants, l'optimisation pour les mots-clés, etc.

Types de moteurs de recherche :
Moteurs de recherche généralistes : Ce sont des moteurs de recherche qui permettent de trouver une grande variété d'informations sur Internet. Les exemples les plus populaires sont Google, Bing et Yahoo.
Moteurs de recherche spécialisés : Certains moteurs de recherche sont spécialisés dans des domaines spécifiques, tels que la recherche académique (Google Scholar), la recherche d'images (Google Images), la recherche de vidéos (YouTube), la recherche de produits (Amazon), etc.
Moteurs de recherche privés : Ces moteurs de recherche mettent l'accent sur la protection de la vie privée des utilisateurs en ne collectant pas ou en limitant la collecte de données personnelles. Exemples : DuckDuckGo, Qwant.

Optimisation pour les moteurs de recherche (SEO) : Les propriétaires de sites web utilisent des techniques d'optimisation pour les moteurs de recherche (SEO) pour améliorer le classement de leurs pages dans les résultats de recherche. Cela inclut l'optimisation du contenu, la création de liens de qualité, l'amélioration de la vitesse de chargement du site, etc.

Évolution et concurrence : Les moteurs de recherche évoluent constamment pour fournir des résultats de recherche de meilleure qualité et plus pertinents. Ils font face à une concurrence féroce et doivent régulièrement mettre à jour leurs algorithmes pour rester compétitifs.

En résumé, les moteurs de recherche sont des outils essentiels pour trouver des informations sur Internet. Leur fonctionnement repose sur l'indexation des pages web, l'utilisation d'algorithmes de classement sophistiqués et la fourniture de résultats pertinents en réponse aux requêtes de recherche des utilisateurs.

La messagerie

La messagerie, qu'elle soit en ligne ou avec un logiciel, est un moyen de communication électronique qui permet aux individus d'échanger des messages textuels, des fichiers et parfois des médias (comme des images, des vidéos, etc.) en temps réel ou de manière asynchrone.

Types de messagerie :

Messagerie instantanée : La messagerie instantanée permet aux utilisateurs d'échanger des messages en temps réel, souvent sous forme de texte, mais parfois aussi de médias, via des applications ou des plateformes en ligne. Exemples : WhatsApp, Facebook Messenger, Telegram, Slack, etc.

Messagerie électronique : La messagerie électronique, ou e-mail, permet aux utilisateurs d'envoyer et de recevoir des messages électroniques de manière asynchrone. Chaque utilisateur dispose d'une adresse e-mail unique à laquelle les messages peuvent être envoyés. Exemples : Gmail, Outlook, Yahoo Mail, etc.

Messagerie professionnelle : Il s'agit de systèmes de messagerie conçus spécifiquement pour une utilisation professionnelle, souvent intégrés à des suites logicielles de productivité ou à des plateformes de collaboration. Exemples : Microsoft Teams, Slack, Google Workspace (anciennement G Suite), etc.

Fonctionnalités communes :

Envoi de messages texte : Les utilisateurs peuvent envoyer des messages texte pour communiquer avec d'autres personnes.

Envoi de fichiers et de médias : Les utilisateurs peuvent également envoyer des fichiers et des médias, tels que des images, des vidéos, des documents, etc.

Gestion des contacts : Les applications de messagerie permettent généralement aux utilisateurs de gérer leur liste de contacts, d'ajouter de nouveaux contacts et de créer des groupes de discussion.

Notifications : Les utilisateurs reçoivent généralement des notifications lorsqu'ils reçoivent de nouveaux messages, ce qui leur permet de rester informés en temps réel.

Chiffrement et sécurité : Certains services de messagerie offrent des fonctionnalités de chiffrement pour garantir la confidentialité des messages échangés.

Avantages de la messagerie :

Communication rapide et pratique : La messagerie permet une communication rapide et pratique, sans nécessiter de rendez-vous ou de synchronisation des horaires.

Flexibilité : Les utilisateurs peuvent accéder à leurs messages depuis n'importe quel appareil connecté à Internet, ce qui offre une grande flexibilité.

Collaboration et partage : Les services de messagerie professionnelle facilitent la collaboration et le partage de fichiers au sein des équipes de travail.

Défis et considérations :

Surcharge d'informations : Avec la facilité d'envoyer des messages, certains utilisateurs peuvent être confrontés à une surcharge d'informations et à une difficulté à gérer leur flux de messages.

Sécurité et confidentialité : La sécurité et la confidentialité des messages peuvent être des préoccupations, en particulier dans les environnements professionnels où des informations sensibles sont échangées.

En résumé, la messagerie, qu'elle soit en ligne ou avec un logiciel, est un outil de communication essentiel dans notre monde connecté. Elle offre une communication rapide, pratique et flexible, que ce soit pour des discussions informelles, des échanges professionnels ou des collaborations en équipe.

Les outils de vidéos en ligne

Les outils de vidéo en ligne sont des plateformes ou des services qui permettent aux utilisateurs de créer, éditer, partager et diffuser des vidéos directement depuis leur navigateur web, sans nécessiter de logiciels ou d'équipements spécialisés.

Voici quelques-uns des principaux types d'outils de vidéo en ligne et leurs caractéristiques :

Éditeurs vidéo en ligne : Ces outils permettent aux utilisateurs de monter et d'éditer des vidéos directement depuis leur navigateur. Ils offrent généralement une gamme de fonctionnalités d'édition, telles que le découpage, le recadrage, l'ajout de transitions, de titres, de sous-titres, d'effets spéciaux, etc. Exemples : WeVideo, Clipchamp, Kapwing.

Créateurs de diaporamas vidéo : Ces outils permettent aux utilisateurs de créer des vidéos à partir de photos et de vidéos existantes, en ajoutant des transitions, des effets de mouvement, de la musique de fond, etc. Ils sont souvent utilisés pour créer des diaporamas de photos ou des vidéos promotionnelles. Exemples : Animoto, Adobe Spark, FlexClip.

Enregistreurs d'écran en ligne : Ces outils permettent aux utilisateurs d'enregistrer leur écran d'ordinateur, avec ou sans audio, directement depuis leur navigateur. Ils sont souvent utilisés pour créer des tutoriels vidéo, des démonstrations de logiciels, des présentations, etc. Exemples : Screencast-O-Matic, Loom, Apowersoft.

Convertisseurs vidéo en ligne : Ces outils permettent aux utilisateurs de convertir des fichiers vidéo d'un format à un autre. Ils prennent en charge une variété de formats vidéo et offrent souvent des options pour ajuster les paramètres de sortie, tels que la résolution, le format de compression, etc. Exemples : Online Video Converter, Convertio, ClipConverter.

Diffuseurs vidéo en direct : Ces outils permettent aux utilisateurs de diffuser des vidéos en direct sur Internet, ce qui est idéal pour les événements en direct, les webinaires, les cours en ligne, les concerts, etc. Ils offrent souvent des fonctionnalités telles que le chat en direct, les sondages, l'intégration des médias sociaux, etc. Exemples : YouTube Live, Facebook Live, Twitch.

Plateformes de montage vidéo collaborative : Ces outils permettent à plusieurs utilisateurs de collaborer à l'édition d'une vidéo en temps réel, en partageant des projets, en commentant, en révisant et en approuvant les modifications. Ils sont souvent utilisés pour des projets d'équipe ou de groupe. Exemples : Frame.io, Wipster, Vimeo Review.

Ces outils de vidéo en ligne offrent une grande variété de fonctionnalités et de possibilités créatives pour les utilisateurs, leur permettant de créer des vidéos professionnelles, des contenus éducatifs, des présentations, des vidéos promotionnelles et bien plus encore, le tout sans avoir besoin de télécharger ou d'installer de logiciels supplémentaires. Ils sont particulièrement utiles pour les personnes qui travaillent à distance, les créateurs de contenu, les entrepreneurs et les équipes de projet qui ont besoin de collaborer à distance.

Pourquoi utiliser un antivirus

Utiliser un ordinateur sans antivirus sur internet présente plusieurs risques

Les menaces peuvent inclure des malwares, des Trojans, des emails de phishing et des vols de données personnelles.

Un ordinateur sans protection peut être infecté en quelques minutes une fois connecté à internet.

Les conséquences d'une telle infection peuvent être graves, allant du vol d'identité au chantage, en passant par l'accès non autorisé à vos fichiers personnels et professionnels. Il est donc fortement recommandé d'installer un antivirus pour naviguer sur internet en toute sécurité.

L'utilisation d'un smartphone sans antivirus comporte certains risques

L'utilisation d'un smartphone sans antivirus comporte certains risques, car les appareils mobiles peuvent être ciblés par des malwares et des virus tout comme les ordinateurs.

Sécurité Android : Les smartphones Android peuvent être vulnérables aux virus et malwares, surtout si vous téléchargez des applications en dehors du Play Store officiel.

Menaces discrètes : Certains malwares peuvent s'attaquer à vos données personnelles sans signes évidents d'infection.

Risques financiers : Les informations bancaires stockées sur votre smartphone peuvent être compromises, entraînant des transactions non autorisées.

Réseaux sans fil : Se connecter à des réseaux Wifi non sécurisés peut augmenter le risque d'infection par des virus.

Phishing et smishing : Les attaques par hameçonnage via email ou SMS peuvent viser à voler vos informations personnelles.

Bien que les systèmes d'exploitation mobiles intègrent des mesures de sécurité, l'installation d'un antivirus peut offrir une couche supplémentaire de protection. Cependant, une vigilance constante et des pratiques de navigation sécurisées sont également essentielles pour minimiser les risques.

Les meilleurs antivirus en 2024
Déterminer le meilleur antivirus dépend de vos besoins spécifiques et de votre budget. Voici quelques options populaires et bien notées :

Antivirus payants:
   Bitdefender Total Security: Offre une protection complète et efficace contre les malwares, avec un impact minimal sur les performances.
   Norton 360 Advanced: Suite de sécurité complète avec des fonctionnalités supplémentaires comme un VPN, un contrôle parental et un gestionnaire de mots de passe.
   Intego Mac Premium Bundle X9: Solution antivirus puissante et intuitive conçue pour les

ordinateurs Mac.

Kaspersky Total Security: Offre une protection de haut niveau contre les menaces en ligne, y compris les ransomwares et les attaques de phishing.

F-Secure TOTAL: Antivirus simple à utiliser avec un accent sur la protection de la vie privée.

Antivirus gratuits:

Bitdefender Antivirus Free: Version gratuite de Bitdefender avec une protection efficace contre les malwares.

Avast Free Antivirus: Offre une protection de base contre les virus et les logiciels malveillants.

AVG Antivirus Free: Antivirus gratuit avec des fonctionnalités supplémentaires comme un VPN et un analyseur de Wi-Fi.

Microsoft Defender: Antivirus intégré à Windows 10 et 11, offre une protection de base suffisante pour la plupart des utilisateurs.

Choisir le bon antivirus:

Considérez vos besoins: Avez-vous besoin d'une protection complète ou d'une solution gratuite? Quelles fonctionnalités supplémentaires sont importantes pour vous?

Lisez les avis et comparez les prix: De nombreux sites Web et magazines publient des tests et des comparaisons d'antivirus.

Téléchargez une version d'essai: La plupart des antivirus payants proposent des versions d'essai gratuites pour vous permettre de tester le logiciel avant de l'acheter.

En plus d'un antivirus:

Utilisez un mot de passe fort et unique pour chaque compte.

Soyez prudent lorsque vous cliquez sur des liens ou ouvrez des pièces jointes.

Mettez à jour régulièrement votre système d'exploitation et vos logiciels.

Sauvegardez régulièrement vos données importantes.

Mon choix se porte sur Norton 360

Norton 360 offre une solution plus complète pour la protection de vos appareils et de votre activité en ligne. Il comprend toutes les fonctions de Norton AntiVirus Plus avec des outils supplémentaires pour vous aider à protéger votre confidentialité en ligne et à détecter vos informations personnelles sur le Dark Web.

Norton 360 peut protéger jusqu'à 10 appareils (ordinateurs + téléphones).
Il s'occupe également de la mise à jour des pilotes des ordinateurs ainsi que de la surveillance du darkweb pour vous. Il inclus également un VPN.

Les méthodes de piratage les plus courantes

Voici quelques-unes des techniques de piratage les plus courantes :

Ingénierie sociale : L'ingénierie sociale consiste à manipuler les utilisateurs pour obtenir des informations confidentielles telles que des identifiants de connexion, des mots de passe ou d'autres informations sensibles. Cela peut se faire par le biais de techniques telles que le phishing (envoi de courriels frauduleux pour inciter les utilisateurs à divulguer leurs informations), le pretexting (utilisation de faux prétextes pour obtenir des informations) ou la manipulation psychologique.

Exploitation de vulnérabilités : Les pirates informatiques exploitent souvent des vulnérabilités dans les logiciels, les systèmes d'exploitation ou les applications pour accéder à un système ou à un réseau. Ils utilisent des outils automatisés pour rechercher des failles de sécurité connues et les exploitent pour prendre le contrôle des systèmes ciblés.

Attaques par force brute : Les attaques par force brute consistent à essayer de deviner un mot de passe en essayant différentes combinaisons de caractères jusqu'à ce que le bon mot de passe soit trouvé. Les pirates utilisent souvent des programmes automatisés pour effectuer ces attaques, ce qui peut être très efficace si les mots de passe sont faibles ou facilement devinables.

Injection de code : Les attaques par injection de code consistent à insérer du code malveillant dans des applications ou des bases de données afin d'exécuter des commandes non autorisées. Les types d'injection les plus courants sont les injections SQL (pour les bases de données) et les injections XSS (cross-site scripting) pour les applications web.

Attaques par déni de service (DDoS) : Les attaques DDoS visent à rendre un service, un site web ou un réseau indisponible en submergeant les serveurs cibles avec un grand volume de trafic illégitime. Ces attaques peuvent être lancées à partir de nombreux appareils infectés (botnets) et sont souvent utilisées pour extorquer de l'argent ou perturber les activités en ligne.

Attaques par ransomware : Les attaques par ransomware consistent à chiffrer les fichiers ou les systèmes d'un utilisateur et à exiger le paiement d'une rançon pour les déchiffrer. Les pirates utilisent souvent des campagnes de phishing ou d'autres méthodes pour distribuer le ransomware et infecter les systèmes des victimes.

Il est important de se protéger contre ces méthodes en mettant en place des mesures de sécurité appropriées telles que l'utilisation de logiciels antivirus et pare-feu, le maintien à jour des logiciels, la sensibilisation à la sécurité et la mise en place de politiques de sécurité strictes. De plus, il est essentiel de sauvegarder régulièrement les données importantes afin de les protéger contre la perte en cas d'attaque.

Le faux réseau Wi-Fi

Le faux réseau Wi-Fi, également connu sous le nom de réseau Wi-Fi frauduleux ou réseau Wi-Fi malveillant, est une technique utilisée par les pirates informatiques pour tromper les utilisateurs et compromettre leur sécurité. Voici comment cela fonctionne :

Création d'un point d'accès malveillant : Le pirate informatique crée un point d'accès Wi-Fi qui ressemble à un réseau légitime, tel que celui d'un café, d'un hôtel ou d'un aéroport. Ce point d'accès peut être configuré avec un nom de réseau (SSID) et des paramètres qui semblent authentiques pour attirer les utilisateurs.

Interception du trafic : Lorsque les utilisateurs se connectent au faux réseau Wi-Fi, tout leur trafic réseau, y compris les données sensibles telles que les identifiants de connexion, les mots de passe, les informations de carte de crédit, etc., peut être intercepté par le pirate informatique.

Attaques de type « homme du milieu » : Le pirate informatique peut également utiliser le faux réseau Wi-Fi pour mener des attaques de type « homme du milieu » (MITM). Dans ce type d'attaque, le pirate se positionne entre l'utilisateur et le serveur auquel il tente de se connecter, interceptant et modifiant les données en transit.

Distribution de logiciels malveillants : En plus d'intercepter le trafic, le faux réseau Wi-Fi peut être utilisé pour distribuer des logiciels malveillants aux appareils des utilisateurs. Par exemple, le pirate peut rediriger les utilisateurs vers des pages web malveillantes ou leur envoyer des fichiers infectés par le biais du réseau.

Les conséquences de se connecter à un faux réseau Wi-Fi peuvent être graves, allant de la perte de données personnelles à l'usurpation d'identité, au vol d'argent, voire à des attaques sur d'autres appareils connectés au même réseau.

Pour se protéger contre les faux réseaux Wi-Fi et autres menaces, il est recommandé de suivre ces bonnes pratiques :

Utiliser uniquement des réseaux Wi-Fi sécurisés et connus.
Éviter de se connecter à des réseaux Wi-Fi non sécurisés ou publics lorsque cela n'est pas nécessaire.
Utiliser un VPN (réseau privé virtuel) pour chiffrer le trafic et protéger la vie privée lors de la connexion à des réseaux Wi-Fi publics.
Mettre à jour régulièrement les logiciels et les applications pour corriger les vulnérabilités connues.
Être conscient des signes révélateurs d'un faux réseau Wi-Fi, tels qu'un nom de réseau inhabituel ou des messages d'avertissement de sécurité.
Éviter de saisir des informations sensibles, telles que des identifiants de connexion ou des informations de carte de crédit, lors de la connexion à des réseaux Wi-Fi publics ou non fiables.

Le vol de mot de passe

Le vol de mot de passe est une méthode utilisée par les pirates informatiques pour obtenir des informations d'identification confidentielles, telles que des noms d'utilisateur et des mots de passe, afin d'accéder de manière non autorisée à des comptes en ligne, des réseaux informatiques ou des services protégés par mot de passe.

Voici quelques-unes des techniques couramment utilisées pour voler des mots de passe :

Phishing : Le phishing est l'une des méthodes les plus courantes de vol de mots de passe. Les attaquants envoient des e-mails frauduleux, des messages texte ou des appels téléphoniques se faisant passer pour des entités légitimes, telles que des banques, des réseaux sociaux ou des entreprises, afin de tromper les utilisateurs et de les inciter à divulguer leurs informations d'identification.

Ingénierie sociale : L'ingénierie sociale consiste à manipuler les individus pour qu'ils révèlent des informations confidentielles, telles que des mots de passe, par le biais de techniques de persuasion ou de tromperie. Cela peut inclure des techniques telles que le pretexting (invention d'un faux prétexte pour obtenir des informations), la flatterie, l'intimidation ou la sympathie.

Keylogging : Les enregistreurs de frappe, ou keyloggers, sont des logiciels malveillants installés sur un ordinateur ou un appareil pour enregistrer secrètement toutes les frappes de clavier effectuées par l'utilisateur. Cela permet aux attaquants de capturer les mots de passe saisis par la victime, même si ceux-ci ne sont pas visibles à l'écran.

Attaques de force brute : Les attaques de force brute consistent à essayer de deviner un mot de passe en testant toutes les combinaisons possibles de caractères jusqu'à ce que le bon mot de passe soit trouvé. Bien que cette méthode puisse être longue et fastidieuse, elle peut être efficace contre les mots de passe faibles ou mal choisis.

Fuites de données : Les fuites de données se produisent lorsque les informations d'identification, y compris les noms d'utilisateur et les mots de passe, sont compromises et rendues accessibles au public ou à des tiers non autorisés. Les attaquants peuvent exploiter ces fuites pour accéder à des comptes en ligne en utilisant les informations divulguées.

Attaques par dictionnaire : Les attaques par dictionnaire consistent à utiliser des listes de mots couramment utilisés (appelés dictionnaires) pour essayer de deviner un mot de passe. Les pirates utilisent des programmes automatisés pour tester rapidement des milliers de mots du dictionnaire dans l'espoir de trouver un mot de passe valide.

Attaques par interception : Les attaques par interception visent à intercepter les données de connexion lorsqu'elles sont envoyées sur un réseau non sécurisé. Cela peut être accompli en utilisant des logiciels ou des dispositifs malveillants pour surveiller le trafic réseau et capturer les informations sensibles, y compris les mots de passe.

Pour se protéger contre le vol de mot de passe, il est recommandé de suivre ces bonnes pratiques de sécurité :

Utilisez des mots de passe forts et uniques pour chaque compte en ligne.
Activez l'authentification à deux facteurs lorsque cela est disponible pour ajouter une couche de sécurité supplémentaire.

Méfiez-vous des e-mails, des messages ou des appels non sollicités demandant des informations d'identification ou des données personnelles.

Utilisez des logiciels de sécurité, tels que des antivirus et des pare-feu, pour détecter et bloquer les menaces potentielles.

Surveillez régulièrement vos comptes en ligne pour repérer toute activité suspecte ou non autorisée.

Éduquez-vous et sensibilisez-vous aux techniques de piratage et aux pratiques de sécurité en ligne.

Les rançongiciels

Les rançongiciels, également connus sous le nom de ransomware, sont des logiciels malveillants conçus pour chiffrer les fichiers sur un système informatique, rendant ainsi les données inaccessibles à l'utilisateur. Les attaquants exigent alors le paiement d'une rançon pour fournir la clé de déchiffrement nécessaire pour restaurer l'accès aux données.

Voici quelques caractéristiques et aspects importants des rançongiciels :

Mode d'infection : Les rançongiciels peuvent infecter un système de différentes manières, notamment via des pièces jointes de courrier électronique malveillantes, des téléchargements de logiciels infectés, des sites web compromis ou des failles de sécurité non patchées.

Chiffrement des données : Une fois qu'un rançongiciel infecte un système, il chiffre généralement les fichiers présents sur celui-ci à l'aide d'algorithmes de chiffrement forts. Les utilisateurs sont ensuite incapables d'accéder à leurs données sans la clé de déchiffrement appropriée, qui est détenue par les attaquants.

Demande de rançon : Les attaquants exigent souvent le paiement d'une rançon en échange de la clé de déchiffrement nécessaire pour restaurer les fichiers. Les paiements sont généralement demandés en crypto-monnaies telles que le Bitcoin pour éviter d'être tracés.

Dommages potentiels : Les rançongiciels peuvent causer d'importants dommages aux individus et aux organisations en raison de la perte d'accès à des données critiques. Cela peut entraîner des pertes financières, des perturbations des activités commerciales, des violations de la confidentialité et des réputations endommagées.

Prévention et atténuation : La prévention des rançongiciels implique une combinaison de bonnes pratiques de sécurité informatique, telles que la sensibilisation des utilisateurs, la mise à jour régulière des logiciels, l'utilisation de solutions de sécurité efficaces (comme les pare-feu et les logiciels antivirus), et la sauvegarde régulière des données hors ligne.

Réponse aux incidents : En cas d'infection par un rançongiciel, il est important de réagir rapidement en isolant le système infecté pour éviter la propagation de la menace, en signalant l'incident aux autorités compétentes et en explorant les options de restauration des données, y compris la possibilité de payer la rançon dans certains cas.

En résumé, les rançongiciels représentent une menace sérieuse pour les utilisateurs et les organisations, et la prévention, la sensibilisation et la préparation sont essentielles pour atténuer les risques associés à ces attaques.

Les logiciels malveillants

Les logiciels malveillants, également connus sous le nom de malwares, sont des programmes informatiques conçus pour causer des dommages, voler des données ou perturber le fonctionnement normal d'un système informatique, sans le consentement de l'utilisateur.

Voici quelques-uns des types de logiciels malveillants les plus courants :

Virus informatiques : Les virus sont des programmes malveillants capables de se propager en infectant d'autres fichiers ou en se dupliquant dans un système. Une fois activés, ils peuvent causer des dommages en effaçant des données, en corrompant des fichiers ou en perturbant le fonctionnement du système.

Vers informatiques : Les vers sont des programmes malveillants autonomes qui se propagent d'un ordinateur à un autre en exploitant les vulnérabilités du réseau. Ils peuvent se propager rapidement et causer des dommages en saturant les réseaux, en volant des informations sensibles ou en installant d'autres logiciels malveillants.

Chevaux de Troie (Trojans) : Les chevaux de Troie sont des programmes malveillants qui se dissimulent dans des logiciels légitimes ou des pièces jointes de courrier électronique. Une fois exécutés, ils ouvrent une porte dérobée permettant aux attaquants d'accéder et de contrôler le système à distance, souvent dans le but de voler des données confidentielles ou d'installer d'autres logiciels malveillants.

Rançongiciels (Ransomware) : Comme mentionné précédemment, les rançongiciels sont des logiciels malveillants qui chiffrent les fichiers d'un système et exigent le paiement d'une rançon pour restaurer l'accès aux données. Ils peuvent causer d'importants dommages financiers et opérationnels aux individus et aux organisations.

Logiciels espions (Spyware) : Les logiciels espions sont des programmes conçus pour collecter des informations sur les utilisateurs sans leur consentement, généralement à des fins publicitaires ou de surveillance. Ils peuvent surveiller l'activité en ligne, enregistrer les frappes au clavier, ou voler des données personnelles telles que les mots de passe et les numéros de carte de crédit.

Adwares : Les adwares sont des logiciels malveillants conçus pour diffuser des publicités intrusives sur un système, souvent accompagnées de logiciels gratuits ou de contenu en ligne. Ils peuvent ralentir les performances du système, perturber l'expérience de l'utilisateur et compromettre la sécurité en affichant des annonces malveillantes ou en redirigeant vers des sites web dangereux.

La lutte contre les logiciels malveillants implique une combinaison de mesures de prévention, telles que l'installation de logiciels de sécurité, la mise à jour régulière des logiciels, la sensibilisation des utilisateurs et la pratique de bonnes habitudes de navigation en ligne. En cas d'infection, il est important de réagir rapidement en isolant le système infecté, en utilisant des outils de suppression de logiciels malveillants et en consultant des professionnels de la sécurité informatique si nécessaire.

La clé USB piégée

Une clé USB piégée, également connue sous le nom de "USB Rubber Ducky" ou "BadUSB", est un dispositif USB malveillant conçu pour tromper les utilisateurs et compromettre la sécurité des ordinateurs et des réseaux. Contrairement à une clé USB normale qui stocke des données, une clé USB piégée est programmée pour exécuter automatiquement des commandes malveillantes une fois insérée dans un ordinateur.

Voici comment fonctionne généralement une clé USB piégée :

Apparence authentique : Une clé USB piégée est souvent conçue pour ressembler à une clé USB ordinaire, ce qui la rend difficile à distinguer d'un périphérique USB légitime.

Charge utile malveillante : À la différence d'une clé USB normale, une clé USB piégée est équipée d'une charge utile malveillante, généralement sous la forme d'un script ou d'un programme informatique. Ce script est programmé pour s'exécuter automatiquement dès que la clé USB est insérée dans un port USB d'un ordinateur cible.

Exécution automatique : Lorsqu'un utilisateur insère la clé USB piégée dans un ordinateur, le système d'exploitation reconnaît la clé et démarre automatiquement l'exécution de la charge utile malveillante. Cela peut se faire en émulant un clavier ou d'autres périphériques HID (Human Interface Device) pour simuler la saisie de commandes ou de frappes de clavier, ou en exploitant des vulnérabilités du système d'exploitation pour lancer des scripts ou des programmes malveillants.

Actions malveillantes : Une fois que la charge utile malveillante est exécutée, elle peut effectuer diverses actions malveillantes sur l'ordinateur cible. Cela peut inclure l'installation de logiciels malveillants, la capture de données sensibles, la prise de contrôle à distance de l'ordinateur, la propagation de virus ou de vers, le vol d'informations d'identification, etc.

Dissimulation : Après avoir exécuté sa charge utile, une clé USB piégée peut tenter de se dissimuler en effaçant ses traces ou en masquant sa présence sur l'ordinateur cible pour éviter la détection par les logiciels antivirus ou les outils de sécurité.

Pour se protéger contre les attaques utilisant des clés USB piégées, voici quelques mesures à prendre :
    Évitez d'insérer des clés USB inconnues ou non fiables dans vos ordinateurs.
    Utilisez des logiciels de sécurité qui peuvent détecter et bloquer les menaces provenant de périphériques USB malveillants.
    Désactivez la fonction d'exécution automatique sur vos ordinateurs pour empêcher les périphériques USB d'exécuter automatiquement des programmes ou des scripts.
    Mettez régulièrement à jour vos systèmes d'exploitation et vos logiciels pour corriger les vulnérabilités connues qui pourraient être exploitées par des attaques utilisant des clés USB piégées.
    Sensibilisez les utilisateurs aux risques associés à l'utilisation de périphériques USB non fiables et aux bonnes pratiques en matière de sécurité informatique.

Le phishing

Le phishing est une technique d'attaque utilisée par les pirates informatiques pour tromper les utilisateurs et leur faire divulguer des informations confidentielles telles que des identifiants de connexion, des mots de passe, des informations de carte de crédit, etc.

Voici comment fonctionne le phishing en détail :

Création d'un faux message ou d'un faux site web : Le pirate informatique crée un message électronique (e-mail), un message texte (SMS) ou une page web qui semble provenir d'une source légitime et de confiance, telle qu'une banque, une entreprise, un service en ligne, etc. Le contenu du message ou de la page web est conçu pour inciter l'utilisateur à prendre une action spécifique, comme cliquer sur un lien, ouvrir une pièce jointe ou saisir des informations personnelles.

Utilisation de techniques de manipulation : Les pirates informatiques utilisent souvent des techniques de manipulation psychologique pour inciter les utilisateurs à agir rapidement et sans réfléchir. Cela peut inclure des tactiques telles que la peur (menaces de suspension de compte), la curiosité (offres alléchantes ou messages alarmants) ou l'autorité (faux messages provenant de sources de confiance).

Redirection vers des sites frauduleux : Lorsque l'utilisateur clique sur un lien dans le message de phishing, il est généralement redirigé vers un site web frauduleux qui ressemble à s'y méprendre à un site légitime. Ce site web peut demander à l'utilisateur de saisir des informations personnelles telles que des identifiants de connexion, des numéros de carte de crédit ou des informations de compte bancaire.

Collecte d'informations sensibles : Une fois que l'utilisateur a saisi ses informations sur le site frauduleux, les pirates informatiques peuvent les collecter et les utiliser à des fins malveillantes. Cela peut inclure le vol d'argent, l'usurpation d'identité, le piratage de comptes en ligne, etc.

Propagation : Les attaques de phishing peuvent se propager rapidement en utilisant des techniques d'ingénierie sociale pour inciter les victimes à partager le message avec d'autres personnes. Par exemple, un message de phishing peut demander à l'utilisateur de le transmettre à ses contacts ou à ses amis, en utilisant des tactiques telles que la promesse de récompenses ou de cadeaux.

Pour se protéger contre les attaques de phishing, voici quelques bonnes pratiques à suivre :

Ne jamais cliquer sur des liens suspects ou des pièces jointes dans des messages non sollicités.
Vérifier l'URL des sites web avant de saisir des informations sensibles pour s'assurer qu'ils sont légitimes.
Être vigilant à l'égard des demandes de renseignements personnels ou financiers non sollicitées.
Utiliser des outils de sécurité tels que les filtres anti-spam, les logiciels antivirus et les pare-feu pour bloquer les messages de phishing.
Sensibiliser les employés et les utilisateurs à la sécurité informatique et aux techniques d'ingénierie sociale utilisées par les pirates informatiques.

Le vishing

Le "vishing" est une forme de fraude par hameçonnage qui implique l'utilisation de techniques de phishing mais qui se déroule principalement par téléphone, d'où le terme "vishing", une contraction de "voice" (voix) et "phishing". Cette méthode exploite la confiance et la crédulité des individus en utilisant des appels téléphoniques pour obtenir des informations personnelles ou financières sensibles.

Voici comment fonctionne généralement une attaque de vishing :

Appel téléphonique : Le pirate informatique commence par appeler la victime potentiellement ciblée. Les numéros utilisés peuvent sembler authentiques, parfois même en affichant un numéro de téléphone frauduleusement "spoofé" pour ressembler à celui d'une entreprise légitime, d'une institution financière ou d'une organisation gouvernementale.

Prétexte : Une fois que la victime répond à l'appel, le pirate informatique utilise un prétexte convaincant pour inciter la victime à divulguer des informations sensibles. Cela peut inclure des scénarios tels que la prétendue vérification d'identité, des alertes de sécurité, des offres promotionnelles irrésistibles, des menaces d'amendes ou de poursuites judiciaires, etc.

Obtention d'informations sensibles : En utilisant des techniques de manipulation et de persuasion, le pirate informatique tente de convaincre la victime de fournir des informations sensibles telles que des numéros de carte de crédit, des identifiants de connexion, des mots de passe, des numéros de sécurité sociale, des codes PIN, etc.

Utilisation des informations : Une fois que le pirate informatique obtient les informations souhaitées, il peut les utiliser à des fins frauduleuses telles que le vol d'identité, le piratage de comptes bancaires, la fraude financière, la compromission de données confidentielles, etc.

Pour se protéger contre le vishing, voici quelques conseils utiles :

Méfiez-vous des appels téléphoniques non sollicités, en particulier ceux qui demandent des informations personnelles ou financières.

Ne divulguez jamais d'informations sensibles par téléphone, à moins d'être absolument certain de l'identité et de la légitimité de l'appelant.

Vérifiez toujours l'identité de l'appelant en posant des questions de sécurité ou en contactant directement l'entreprise ou l'organisation prétendument représentée.

Ne rappelez pas les numéros inconnus ou non sollicités et ne cliquez pas sur les liens fournis par des appels téléphoniques suspects.

Signalez tout appel de phishing ou de vishing aux autorités compétentes, tels que votre opérateur téléphonique, votre banque ou les organismes de réglementation des télécommunications.

Le deepfake

Le deepfake est une technique de synthèse d'images et de vidéos basée sur l'intelligence artificielle (IA) qui permet de créer des médias falsifiés, généralement des vidéos, dans lesquels des personnes apparaissent à tort en train de dire ou de faire quelque chose qu'elles n'ont jamais fait. Le terme "deepfake" est dérivé de "deep learning" (apprentissage profond) et de "fake" (faux), faisant référence à la profondeur des réseaux neuronaux utilisés pour créer ces contenus.

Voici quelques points clés sur les deepfakes :

Technologie sous-jacente : Les deepfakes exploitent des algorithmes d'apprentissage profond, en particulier les réseaux génératifs antagonistes (GAN), pour créer des vidéos réalistes. Ces algorithmes sont entraînés à partir d'un grand nombre de données visuelles pour imiter le style, les expressions faciales et les mouvements d'une personne cible.

Applications potentielles : Bien que les deepfakes aient suscité des inquiétudes en raison de leur potentiel à être utilisés à des fins de manipulation et de désinformation, ils ont également des applications légitimes, telles que le cinéma et les effets spéciaux, ainsi que la recherche en intelligence artificielle.

Préoccupations éthiques : Les deepfakes soulèvent des préoccupations majeures en matière d'éthique et de sécurité. Ils peuvent être utilisés pour diffuser de fausses informations, manipuler des élections, diffamer des personnalités publiques, créer des contenus pornographiques non consentis, ou même escroquer des individus en usurpant leur identité.

Détection et contremesures : La détection des deepfakes est un défi complexe en raison de leur capacité à produire des contenus très réalistes. Des chercheurs travaillent sur le développement de techniques de détection basées sur l'analyse des caractéristiques visuelles et temporelles des vidéos. De plus, des efforts sont déployés pour sensibiliser le public aux deepfakes et à leurs risques potentiels.

Cadre juridique : Les lois et réglementations concernant les deepfakes varient selon les pays, mais de nombreux gouvernements examinent la nécessité de nouvelles législations pour lutter contre les abus potentiels de cette technologie, notamment en matière de diffamation, d'atteinte à la vie privée et de fraude.

En résumé, les deepfakes représentent une avancée technologique significative avec des implications importantes pour la société. Alors qu'ils offrent des possibilités créatives et innovantes, il est crucial de prendre des mesures pour atténuer les risques associés à leur utilisation abusive et pour protéger l'intégrité des médias visuels et de l'information.

A Hongkong, un employé d'un centre financier chinois, poussé par son directeur financier lors d'une visioconférence où se trouvaient également plusieurs de ses collègues, a effectué quinze transactions sur cinq comptes bancaires différents, pour un montant total de 200 millions de dollars hongkongais (26 millions de dollars américains). Jusque-là, rien d'anormal. Sauf que tous les membres de la visioconférence, en dehors de l'employé, étaient générés par la technologie du deepfake. Des images extrêmement réalistes à qui l'intelligence artificielle a prêté vie.

Vol d'identité bancaire

Si vous êtes habitué à payer tous vos achats avec votre carte bancaire (et non en liquide), vous risquez un jour ou l'autre d'avoir un vol d'identité bancaire.

Le vol d'identité bancaire est une forme de fraude où les criminels volent les informations personnelles et financières d'une personne afin d'accéder à ses comptes bancaires, de faire des achats ou des transactions frauduleuses en son nom. Ce type de vol peut avoir des conséquences graves pour les victimes, notamment la perte de fonds, des problèmes de crédit, et une violation de la vie privée.

Voici quelques méthodes courantes utilisées par les fraudeurs pour voler l'identité bancaire :

Phishing : Les fraudeurs envoient des e-mails ou des messages texte qui semblent provenir de banques légitimes, demandant aux destinataires de fournir leurs informations personnelles telles que les numéros de carte de crédit, les numéros de sécurité sociale ou les mots de passe.

Skimming : Les criminels utilisent des dispositifs électroniques pour voler les informations des cartes de crédit ou de débit lorsqu'elles sont utilisées dans des distributeurs automatiques de billets (DAB) ou des terminaux de paiement. Ces informations sont ensuite utilisées pour effectuer des transactions frauduleuses.

Piratage informatique : Les hackers peuvent accéder aux systèmes informatiques des banques ou des entreprises qui traitent des informations financières, et voler les données des clients, y compris les informations de carte de crédit et les données personnelles.

Vol de documents : Les fraudeurs peuvent voler des documents physiques contenant des informations financières, tels que des relevés bancaires ou des factures, dans le but d'utiliser ces informations pour commettre des fraudes.

Pour se protéger contre le vol d'identité bancaire, il est important de prendre des mesures de sécurité telles que :

Ne jamais fournir ses informations personnelles ou financières en réponse à des e-mails, des appels téléphoniques ou des messages non sollicités.

Vérifier régulièrement ses relevés bancaires et de carte de crédit pour détecter toute activité suspecte.

Utiliser des mots de passe forts et uniques pour ses comptes en ligne, et activer l'authentification à deux facteurs lorsque cela est possible.

Éviter de laisser des documents contenant des informations sensibles à la portée des autres, et détruire de manière sécurisée les documents financiers obsolètes.

Signaler immédiatement toute activité suspecte à sa banque ou à son institution financière, et contacter les agences de crédit pour placer des alertes de fraude sur ses comptes si nécessaire.

En prenant ces précautions, les individus peuvent réduire considérablement le risque de devenir victime de vol d'identité bancaire.

Le dark web

Vous trouverez à cette adresse un tuto sur le Dark web : https://www.01net.com/vpn/dark-web/

Le dark web est une partie d'Internet qui n'est pas indexée par les moteurs de recherche traditionnels et qui nécessite des logiciels spécifiques, tels que Tor, Freenet ou I2P, pour y accéder.

Anonymat et confidentialité : Le dark web est souvent associé à l'anonymat car il permet aux utilisateurs de naviguer et de communiquer de manière relativement anonyme. Cela est rendu possible grâce à l'utilisation de réseaux décentralisés et de techniques de chiffrement.

Contenu : Le dark web héberge une grande variété de contenus, allant des forums de discussion anonymes aux marchés en ligne pour la vente de drogues, d'armes, de données volées et d'autres produits illicites. Cependant, il est important de noter que le dark web n'est pas exclusivement utilisé à des fins illégales ; il abrite également des sites légitimes, tels que des forums de discussion sur la vie privée, des bibliothèques en ligne, des services de messagerie sécurisés, etc.

Sécurité et risques : Le dark web présente des risques pour la sécurité, car il est souvent associé à des activités criminelles et à des escroqueries. Les utilisateurs peuvent être exposés à des logiciels malveillants, à des arnaques et à d'autres menaces en naviguant sur le dark web.

Surveillance et régulation : En raison de ses liens avec des activités illicites, le dark web est souvent surveillé de près par les autorités gouvernementales et les forces de l'ordre. Les gouvernements ont également pris des mesures pour réguler l'accès au dark web en bloquant certains sites ou en poursuivant les personnes impliquées dans des activités criminelles en ligne.

Utilisation légale : Bien que le dark web soit souvent associé à des activités illégales, il peut également être utilisé de manière légale et légitime par des personnes cherchant à protéger leur vie privée en ligne, à contourner la censure gouvernementale ou à accéder à des informations sensibles de manière sécurisée.

En résumé, le dark web est un aspect complexe et souvent controversé d'Internet, offrant à la fois des possibilités d'anonymat et de confidentialité, ainsi que des risques pour la sécurité et des défis réglementaires. Son utilisation et son accessibilité varient selon les pays et les contextes culturels.

Un peu d'histoire sur le Dark web et le projet Tor :
Tor a été développé au milieu des années 1990 par des informaticiens et des agences gouvernementales américaines.
En 2006, le projet Tor a été créé en tant qu'organisation à but non lucratif pour maintenir Tor pour l'usage public.
Il y a de nombreuses raisons pour lesquelles les gens pourraient vouloir rendre anonyme leur activité web en utilisant Tor.
D'une part, dans les pays où de nombreux sites Web sont bloqués, Tor fournit un moyen d'accéder à ces sites. Par exemple, en Chine continentale, en septembre 2015, environ 3 000 sites Web étaient bloqués. Il s'agissait notamment de la plupart des comptes Google, Facebook, YouTube, Twitter et Instagram.
Source : https://www.titanhq.fr/blog/qu-est-ce-tor-dark-web/

Nous pensons que tout le monde devrait pouvoir explorer Internet en toute confidentialité, avec l'assurance que leurs données personnelles seront protégées. Nous sommes le Projet Tor, un organisme étatsunien sans but lucratif. Nous faisons progresser les droits de la personne et

défendons la protection sur Internet de votre vie privée et de vos données personnelles grâce à des logiciels gratuits et à des réseaux ouverts.
https://www.torproject.org/fr/

Le hacking

Le hacking peut s'apparenter au piratage informatique. Dans ce cas, c'est une pratique visant à un échange « discret » d'informations illégales ou personnelles. Cette pratique, établie par les hackers, apparaît avec les premiers ordinateurs domestiques. Le hacking peut se définir également comme un ensemble de techniques permettant d'exploiter les failles et vulnérabilités d'un élément ou d'un groupe d'éléments matériels ou humains.

En sécurité informatique, un hacker, francisé hackeur ou hackeuse, est un spécialiste d'informatique, qui recherche les moyens de contourner les protections logicielles et matérielles. Il agit par curiosité, en recherche de gloire, par conscience politique ou bien contre rémunération.

Si vous aimez l'informatique et que vous êtes curieux, alors vous voudrez peut-être apprendre les bases du hacking, ne serait-ce qu'afin de pouvoir faire face à des intrusions informatiques que ce soit dans votre sphère privée ou dans le cadre de votre entreprise.

Sur Google, tapez : « *comment débuter comme hacker* ».
Vous verrez qu'on trouve pas mal de choses intéressantes : articles, vidéos par exemple.
Il m'est arrivé de devoir supprimer ou modifier le mot de passe d'un compte Windows car l'utilisateur l'avait oublié. Je ne sais pas si cracker un mot de passe est du ressort du hacker mais ce sont des choses qui peuvent être utiles tant qu'elles restent dans le cadre de la loi de votre pays. Dans de nombreux pays, comme la Chine ou la France, il existe des écoles où l'on forme des hackers afin qu'ils travaillent dans la cybersécurité pour protéger leur pays ou attaquer des pays ennemis.

Le hacking est une pratique qui implique l'exploration et la manipulation de systèmes informatiques, souvent dans le but d'obtenir des informations sensibles ou de compromettre leur fonctionnement.

Origines et évolutions : Le terme "hacker" était initialement utilisé pour décrire des programmeurs talentueux et passionnés qui explorent et repoussent les limites des systèmes informatiques. Cependant, au fil du temps, le terme a également été associé à des activités illégales de piratage informatique.

Types de hackers : Il existe plusieurs types de hackers, notamment les hackers éthiques (ou "white hat"), qui utilisent leurs compétences pour sécuriser des systèmes et des réseaux, les hackers malveillants (ou "black hat"), qui cherchent à exploiter des vulnérabilités à des fins malveillantes, et les hackers opportunistes (ou "grey hat"), qui peuvent utiliser leurs compétences à la fois de manière éthique et non éthique, en fonction des circonstances.

Méthodes de hacking : Les hackers utilisent diverses techniques pour accéder à des systèmes informatiques, notamment l'ingénierie sociale (comme le phishing), l'exploitation de vulnérabilités logicielles, les attaques par force brute, l'injection de code (comme les injections SQL), et bien d'autres.

Cyber sécurité : La cyber sécurité est le domaine qui vise à protéger les systèmes informatiques contre les attaques, qu'elles soient menées par des hackers malveillants ou d'autres acteurs. Les professionnels de la cyber sécurité travaillent à la mise en place de mesures de protection, telles que des pare-feu, des logiciels antivirus, des audits de sécurité et des pratiques de codage sécurisées.

Conséquences légales : Le hacking non autorisé est généralement considéré comme une infraction criminelle dans de nombreux pays. Les personnes reconnues coupables de piratage informatique peuvent faire face à des poursuites judiciaires, des amendes et même des peines de prison.

En résumé, le hacking est une pratique complexe qui peut avoir des applications positives (comme la recherche en sécurité informatique) ou négatives (comme le piratage informatique). La manière dont les compétences en hacking sont utilisées dépend largement de l'éthique et des motivations de l'individu qui les détient.

Les machines zombies

Les "machines zombies" (ou "zombies" tout court dans le contexte informatique) sont des ordinateurs ou des appareils qui ont été infectés par des logiciels malveillants et qui sont désormais contrôlés à distance par des cybercriminels sans le consentement du propriétaire légitime. Ces machines sont souvent utilisées dans le cadre d'attaques par déni de service distribué (DDoS), de spamming ou d'autres activités malveillantes.

Voici comment fonctionne généralement le processus de création de machines zombies :

Infection initiale : Les machines zombies sont généralement infectées par des logiciels malveillants tels que des virus, des vers informatiques, des chevaux de Troie ou des botnets. Ces logiciels malveillants exploitent souvent des vulnérabilités dans les systèmes d'exploitation ou les logiciels, ou sont distribués via des e-mails de phishing, des téléchargements de logiciels piratés ou d'autres vecteurs d'attaque.

Prise de contrôle à distance : Une fois qu'un appareil est infecté, les cybercriminels peuvent prendre le contrôle de l'appareil à distance en utilisant un logiciel de contrôle à distance ou en établissant une connexion backdoor. Cela permet aux criminels de manipuler l'appareil sans que le propriétaire légitime ne soit conscient de son utilisation.

Utilisation dans des attaques : Les machines zombies peuvent être utilisées dans le cadre de diverses activités malveillantes, telles que le lancement d'attaques par déni de service distribué (DDoS) contre des sites web, le spamming à grande échelle, le vol d'informations sensibles ou même l'extraction de crypto-monnaies (cryptojacking) en utilisant les ressources de l'appareil infecté.

Propagation : Les machines zombies peuvent également être utilisées pour propager davantage de logiciels malveillants en infectant d'autres appareils sur le même réseau ou en exploitant des failles de sécurité similaires sur des appareils connectés à Internet.

Les machines zombies représentent une menace sérieuse pour la sécurité des systèmes informatiques et des réseaux, car elles peuvent être utilisées pour causer des dommages considérables et compromettre la confidentialité, l'intégrité et la disponibilité des données. Pour se protéger contre les machines zombies, il est important de maintenir ses logiciels à jour, d'utiliser des solutions de sécurité efficaces telles que des antivirus et des pare-feu, et d'éviter de cliquer sur des liens suspects ou de télécharger des fichiers provenant de sources non fiables. De plus, la sensibilisation à la sécurité et l'éducation des utilisateurs sur les meilleures pratiques en matière de cybersécurité sont également essentielles pour prévenir les infections par des machines zombies.

La cyberguerre

La cyberguerre est un domaine de conflit où les acteurs utilisent des cyberattaques pour mener des opérations militaires, politiques ou économiques contre des adversaires. Contrairement à la guerre traditionnelle, qui implique des conflits armés sur le terrain, la cyberguerre se déroule dans le cyberespace, où les armes sont des technologies de l'information et de la communication (TIC) et les cibles sont souvent des systèmes informatiques et des réseaux.

Voici quelques aspects clés de la cyberguerre :

Acteurs impliqués : Les acteurs impliqués dans la cyberguerre peuvent être des États-nations, des groupes terroristes, des pirates informatiques indépendants ou des organisations criminelles. Les États-nations sont souvent les principaux acteurs dans les conflits cybernétiques en raison de leurs ressources et de leurs capacités techniques avancées.

Objectifs : Les objectifs de la cyberguerre peuvent varier en fonction des motivations des acteurs. Ils peuvent inclure la collecte de renseignements, le sabotage de systèmes informatiques critiques, la perturbation des infrastructures civiles, le vol de propriété intellectuelle, la manipulation de données, la désinformation et même le sabotage de l'infrastructure militaire.

Techniques : Les cyberattaques utilisées dans le cadre de la cyberguerre peuvent prendre différentes formes, telles que des attaques par déni de service distribué (DDoS), des attaques de phishing, des logiciels malveillants, des exploits de vulnérabilités, des attaques par ingénierie sociale et des opérations de cyberespionnage.

Escalade potentielle : Les cyberattaques peuvent potentiellement entraîner une escalade du conflit, car elles peuvent causer des dommages considérables aux infrastructures civiles, économiques et militaires. Cela peut conduire à des réponses militaires ou diplomatiques plus agressives de la part des adversaires.

Défense et dissuasion : La défense contre les cyberattaques et la dissuasion des acteurs hostiles sont des aspects cruciaux de la cyberguerre. Cela implique le développement de capacités de cybersécurité avancées, telles que des systèmes de détection d'intrusion, des pare-feu, des solutions de cryptage, ainsi que des protocoles et des politiques de sécurité robustes.

Normes et lois internationales : Il existe un débat continu sur la nécessité de développer des normes et des lois internationales pour réguler les actions dans le cyberespace et répondre aux défis posés par la cyberguerre. Des initiatives telles que la Convention de Budapest sur la cybercriminalité et les efforts de l'ONU pour élaborer des règles de conduite dans le cyberespace sont des exemples de tentatives visant à établir un cadre réglementaire international.

En résumé, la cyberguerre représente un nouveau front dans les conflits internationaux, avec des implications importantes pour la sécurité nationale, la stabilité géopolitique et la protection des infrastructures critiques. La préparation, la défense et la diplomatie sont des éléments essentiels pour faire face à ces défis complexes et en constante évolution.

Le *cloud computing*

Le cloud computing, ou l'informatique en nuage, est un modèle informatique qui permet l'accès à des ressources informatiques partagées (telles que des serveurs, des bases de données, des réseaux, des logiciels, etc.) via Internet. Au lieu de posséder et de gérer des ressources physiques sur site, les utilisateurs peuvent louer ces ressources à la demande auprès de fournisseurs de services cloud.

Voici quelques aspects importants du cloud computing :

Modèles de service : Le cloud computing offre généralement trois principaux modèles de service :
Infrastructure en tant que service (IaaS) : Les utilisateurs peuvent louer des ressources informatiques de base, telles que des serveurs virtuels, du stockage et des réseaux.
Plateforme en tant que service (PaaS) : Les utilisateurs peuvent accéder à des plateformes de développement et de déploiement d'applications, telles que des bases de données, des environnements d'exécution et des outils de développement.
Logiciel en tant que service (SaaS) : Les utilisateurs peuvent accéder à des applications logicielles complètes hébergées sur des serveurs distants, souvent via un navigateur web.

Évolutivité et élasticité : Les services cloud offrent une grande élasticité, ce qui signifie que les ressources peuvent être rapidement adaptées aux besoins changeants de l'utilisateur. Les utilisateurs peuvent facilement augmenter ou réduire la capacité des ressources selon la demande, ce qui permet d'économiser des coûts et d'optimiser les performances.

Paiement à l'utilisation : Un autre avantage clé du cloud computing est le modèle de tarification à l'utilisation. Les utilisateurs ne paient que pour les ressources qu'ils consomment réellement, ce qui permet une utilisation efficace des ressources et une réduction des coûts par rapport à l'achat et à la maintenance d'infrastructures physiques.

Redondance et disponibilité : Les services cloud sont souvent conçus pour être hautement disponibles et résilients. Les fournisseurs de services cloud utilisent généralement des infrastructures redondantes et des centres de données géographiquement dispersés pour minimiser les temps d'arrêt et garantir la continuité des opérations.

Sécurité : Les fournisseurs de services cloud mettent en place des mesures de sécurité avancées pour protéger les données des utilisateurs. Cela comprend le chiffrement des données, la gestion des identités et des accès, la surveillance des menaces, et la conformité aux normes de sécurité.

En résumé, le cloud computing offre une flexibilité, une évolutivité et une efficacité opérationnelle considérables pour les entreprises et les utilisateurs individuels, en leur permettant d'accéder à des ressources informatiques à la demande via Internet, sans avoir à investir dans des infrastructures physiques coûteuses.

L'intelligence artificielle

L'intelligence artificielle (IA) est un domaine de l'informatique qui se concentre sur le développement de systèmes informatiques capables d'effectuer des tâches qui nécessitent normalement une intelligence humaine. L'objectif de l'IA est de créer des machines capables de percevoir, comprendre, apprendre et agir de manière autonome pour résoudre des problèmes ou accomplir des tâches variées.

Les principaux outils de l'intelligence artificielle aujourd'hui comprennent :

Réseaux de neurones artificiels : Inspirés par le fonctionnement du cerveau humain, ces modèles informatiques sont utilisés pour la reconnaissance de motifs, la classification, la prédiction et bien d'autres tâches.

Machine Learning (apprentissage automatique) : Cette branche de l'IA se concentre sur le développement de techniques permettant aux machines d'apprendre à partir de données sans être explicitement programmées. Cela inclut des algorithmes tels que les arbres de décision, les méthodes de régression, les machines à vecteurs de support (SVM), les méthodes d'apprentissage en profondeur, etc.

Deep Learning (apprentissage profond) : Une sous-catégorie du Machine Learning, le Deep Learning utilise des réseaux de neurones profonds avec de multiples couches cachées pour effectuer des tâches complexes telles que la reconnaissance d'images, la reconnaissance vocale, la traduction automatique, etc.

Traitement du langage naturel (NLP) : Cette discipline de l'IA se concentre sur la compréhension et la génération du langage humain par les ordinateurs. Les techniques de NLP sont utilisées dans les applications telles que la traduction automatique, la compréhension de la langue, la génération de texte, etc.

Vision par ordinateur : Cette branche de l'IA se concentre sur le développement de systèmes permettant aux ordinateurs de comprendre, analyser et interpréter des images et des vidéos. Elle est utilisée dans la reconnaissance faciale, la détection d'objets, la surveillance vidéo, etc.

Systèmes experts : Ces systèmes utilisent des bases de connaissances pour imiter le raisonnement humain dans des domaines spécifiques et sont souvent utilisés pour prendre des décisions ou fournir des conseils dans des domaines tels que la médecine, la finance, etc.

Robotique intelligente : Cette discipline combine l'IA avec la robotique pour créer des systèmes capables d'interagir avec leur environnement de manière autonome. Ces robots peuvent être utilisés dans des applications telles que la production industrielle, l'exploration spatiale, l'assistance aux personnes âgées, etc.

Ces outils et techniques d'IA sont constamment améliorés et élargis grâce aux progrès de la recherche et de l'innovation dans le domaine.

Applications de l'IA et du machine learning

L'intelligence artificielle (IA) et l'apprentissage automatique (machine learning) sont utilisés dans une grande variété d'applications à travers de nombreux secteurs.

Voici quelques exemples des applications de l'IA et du machine learning :

Reconnaissance d'images et de vidéos : Les algorithmes d'apprentissage profond sont utilisés pour la reconnaissance d'images et de vidéos dans des applications telles que la reconnaissance faciale, la détection d'objets, la classification d'images médicales, la surveillance vidéo, etc.

Traitement du langage naturel (NLP) : L'IA est utilisée pour comprendre et générer du langage naturel dans des applications telles que les systèmes de chatbot, la traduction automatique, l'analyse de sentiments, la génération de résumés automatiques, la classification de texte, etc.

Assistants virtuels et interfaces conversationnelles : Les assistants personnels intelligents tels que Siri, Alexa, Google Assistant et Cortana utilisent l'IA pour comprendre les commandes vocales, répondre aux questions, effectuer des tâches et interagir avec les utilisateurs de manière naturelle.

Systèmes de recommandation : Les algorithmes de recommandation utilisent l'IA pour analyser les préférences des utilisateurs et recommander des produits, des contenus ou des services pertinents. Ils sont largement utilisés dans les plateformes de streaming, de commerce électronique, de médias sociaux, etc.

Médecine et soins de santé : L'IA est utilisée dans des applications médicales telles que le diagnostic médical, l'imagerie médicale, la découverte de médicaments, la personnalisation des traitements, la surveillance des patients, etc., pour améliorer les résultats des patients et accélérer les progrès médicaux.

Automatisation et optimisation des processus : L'IA est utilisée pour automatiser les processus manuels et répétitifs dans divers domaines tels que la fabrication, la logistique, les finances, les ressources humaines, etc., afin d'améliorer l'efficacité opérationnelle et de réduire les coûts.

Véhicules autonomes et robots : L'IA est utilisée dans les véhicules autonomes, les drones et les robots pour la navigation, la perception de l'environnement, la prise de décision en temps réel, etc., afin de permettre une conduite autonome et des opérations robotiques avancées.

Finance et commerce : L'IA est utilisée dans la finance pour la détection de fraudes, l'analyse des risques, la gestion de portefeuille, le trading algorithmique, etc. Dans le commerce, elle est utilisée pour la personnalisation de l'expérience client, l'analyse prédictive, la tarification dynamique, etc.

Agriculture intelligente : L'IA est utilisée dans l'agriculture pour l'optimisation des cultures, la gestion des ressources, la surveillance des cultures, la détection des maladies des plantes, etc., afin d'augmenter les rendements agricoles et de réduire l'impact environnemental.

Ces exemples ne représentent qu'une fraction des nombreuses applications de l'IA et du machine learning dans le monde réel. En résumé, l'IA et le machine learning transforment de nombreux secteurs en automatisant des tâches, en améliorant les décisions humaines, en fournissant des insights prédictifs et en permettant de nouvelles formes d'interaction entre les humains et les machines.

L'IA collective et l'IA générale (AGI)

Le concept d'IA collective fait référence à la mise en commun de données et de connaissances par plusieurs individus ou organisations pour créer des systèmes d'intelligence artificielle plus robustes et efficaces. Ce partage permet de développer des modèles d'apprentissage machine qui bénéficient d'une diversité et d'une quantité de données plus importantes que ce qu'une seule entité pourrait obtenir seule.

L'IA collective est particulièrement pertinente en Europe pour contrer la domination des géants numériques américains, en raison des marchés distincts des 27 pays membres de l'UE. En mutualisant les données d'entraînement des IA, les organisations européennes peuvent créer des applications de machine learning capables de rivaliser avec celles développées par des entreprises ayant accès à des volumes massifs de données.

Le concept a commencé à être conceptualisé dans les années 2000 et s'est développé avec l'émergence de l'intelligence artificielle. Il s'inspire de la capacité intellectuelle collective d'une organisation ou d'un groupe à réaliser ensemble des tâches complexes. Dans le futur, l'IA collective pourrait remodeler le paysage technologique en permettant un partage transparent des informations et une prise de décision décentralisée, améliorant ainsi la résilience et l'efficacité des systèmes d'IA.

Il existe une différence significative entre l'IA collective et l'IA générale (AGI). L'IA collective se concentre sur la collaboration et le partage de données entre plusieurs systèmes d'IA pour améliorer l'apprentissage et la performance. Elle implique l'utilisation de diverses sources de données pour créer des modèles d'IA plus robustes et efficaces.

En revanche, l'IA générale, ou AGI, désigne une intelligence artificielle qui possède les capacités cognitives d'un être humain. Une AGI peut comprendre, apprendre et effectuer n'importe quelle tâche intellectuelle que pourrait réaliser un humain, et ce, sans être limitée à un domaine spécifique. Elle est souvent comparée à l'intelligence humaine en termes de flexibilité et d'adaptabilité.

Pour résumer, l'IA collective est une approche collaborative pour améliorer les systèmes d'IA existants, tandis que l'AGI est un objectif à long terme visant à créer des machines dotées d'une intelligence comparable à celle des humains, capable de réaliser une grande variété de tâches de manière autonome.

Les principales IA

Les générateurs de textes et d'images, tels que ChatGPT (à partir de ChatGPT 4 pour les images) pour les textes et des modèles similaires pour les images, sont des exemples d'applications de l'intelligence artificielle (IA) qui ont suscité un intérêt considérable ces dernières années. Ces générateurs utilisent des techniques d'apprentissage profond pour produire des données multimédias réalistes ou pertinents.

Générateurs de textes :

Modèles de langage : Les générateurs de textes, comme ChatGPT, sont souvent basés sur des modèles de langage pré-entraînés sur de vastes corpus de données textuelles. Ces modèles sont capables de générer du texte cohérent et contextuellement pertinent en fonction des entrées qu'ils reçoivent.

Transformers : Les architectures de type Transformer, notamment le modèle GPT (Generative Pre-trained Transformer), sont largement utilisées dans les générateurs de textes. Ces modèles sont conçus pour traiter des séquences de données de manière exhaustive, en capturant les dépendances à long terme dans le texte.

Fine-tuning : Pour adapter un générateur de texte à une tâche spécifique, on peut effectuer un fine-tuning du modèle pré-entraîné. Cela implique de ré-entraîner le modèle sur des données supplémentaires ou spécifiques à la tâche pour améliorer ses performances dans un domaine particulier.

Détection de style : Certains générateurs de textes sont capables de détecter et de reproduire différents styles d'écriture, tels que le formel, l'informel, le humoristique, etc., ce qui les rend polyvalents dans divers contextes d'application.

Générateurs d'images :

Il existe plusieurs types d'IA capables de créer des images, chacune avec ses propres techniques et applications spécifiques.

Autoencodeurs variationnels (VAE) : Les VAE sont des modèles génératifs qui apprennent à représenter et à générer des données en apprenant la distribution probabiliste des données d'entrée. Ils sont souvent utilisés pour générer des images similaires à celles présentes dans l'ensemble de données d'entraînement, mais avec des variations.

Modèles basés sur des autoencodeurs : Les autoencodeurs sont des réseaux neuronaux qui apprennent à représenter les données d'entrée de manière compressée. Les modèles basés sur des autoencodeurs peuvent être utilisés pour générer des images en générant des échantillons à partir de l'espace latent appris pendant l'entraînement.

Fine-tuning et adaptation : Tout comme pour les générateurs de texte, les modèles d'images peuvent être fine-tunés pour des tâches spécifiques ou des domaines particuliers, en utilisant des données supplémentaires pour améliorer leurs performances dans ces domaines.

Réseaux antagonistes conditionnels (cGAN) : Les cGAN sont une extension des GAN où le générateur et le discriminateur prennent en compte des informations supplémentaires, telles que des étiquettes de classe ou des attributs, pour contrôler la génération d'images. Cela permet de générer des images avec des caractéristiques spécifiques, comme la génération de visages de différentes ethnies ou d'animaux de différentes espèces.

Réseaux de neurones génératifs (GAN) : Les GAN sont des modèles d'apprentissage profond composés de deux réseaux neuronaux concurrents, un générateur et un discriminateur. Le générateur crée de nouvelles images à partir de données d'entrée aléatoires, tandis que le discriminateur évalue si les images générées sont réelles ou artificielles. Ensemble, ces réseaux s'améliorent mutuellement, permettant au générateur de créer des images de plus en plus réalistes. Des exemples populaires de GAN incluent StyleGAN et BigGAN.

Réseaux neuronaux convolutionnels (CNN) : Les CNN sont souvent utilisés pour la génération d'images, en particulier dans des tâches telles que la reconstruction d'images bruitées ou endommagées, la colorisation d'images en noir et blanc, et la création d'images à partir de descriptions textuelles. Ils sont capables de capturer des motifs complexes dans les données visuelles et de les reproduire de manière réaliste.

Transfert de style : Certains générateurs d'images sont capables de transférer le style d'une image source à une autre image, créant ainsi des œuvres d'art originales en combinant différents styles visuels.

Transformers : Les modèles Transformer, initialement développés pour le traitement du langage naturel, ont également été adaptés à la génération d'images. Ils peuvent être utilisés pour des tâches telles que la génération de texte à partir d'images (image captioning) ou la synthèse d'images à partir de descriptions textuelles.

Ces différentes architectures d'IA sont utilisées dans une variété d'applications, notamment la création d'art numérique, la synthèse de données pour l'entraînement de modèles d'apprentissage automatique, la génération de données augmentées pour la vision par ordinateur, et bien plus encore.

En résumé, les générateurs de textes et d'images exploitent les avancées de l'intelligence artificielle, en particulier les réseaux de neurones profonds, pour produire des contenus multimédias de haute qualité, ouvrant ainsi de nombreuses possibilités dans des domaines tels que la création artistique, la génération de contenu automatisée, et bien plus encore.

ChatGPT

ChatGPT est un modèle de génération de texte développé par OpenAI, basé sur l'architecture GPT (Generative Pre-trained Transformer). Il s'agit d'une version spécifique de la famille de modèles GPT, conçue pour générer du texte en réponse à des requêtes ou des questions des utilisateurs. Voici quelques points importants à connaître sur ChatGPT :

Architecture Transformer : ChatGPT est basé sur l'architecture Transformer, qui est une architecture de réseau de neurones révolutionnaire dans le domaine du traitement du langage naturel (NLP). Les Transformers ont la capacité de traiter de longues séquences de données avec une précision et une efficacité exceptionnelles, ce qui les rend particulièrement adaptés à la génération de texte.

Apprentissage préalable sur de larges corpus de données : Avant d'être mis à disposition du public, ChatGPT a été entraîné sur de vastes ensembles de données textuelles provenant d'Internet. Cela inclut une grande variété de textes en plusieurs langues, ce qui permet à ChatGPT de comprendre et de générer du texte dans de nombreuses langues différentes.

Capacité de génération de texte : ChatGPT est capable de produire des réponses contextuellement cohérentes et pertinentes à une grande variété de questions et de sujets. Il peut également générer du texte dans différents styles et tonalités, ce qui le rend polyvalent dans de nombreuses applications, telles que l'assistance virtuelle, la création de contenu, la traduction, et bien plus encore.

Améliorations continues : OpenAI met régulièrement à jour ChatGPT en utilisant des techniques d'entraînement supplémentaires et des ensembles de données plus récents pour améliorer ses performances et sa précision. Ces mises à jour visent à rendre ChatGPT plus compétent dans la compréhension et la génération de texte dans une variété de contextes.

Utilisation responsable : Bien que ChatGPT puisse être un outil puissant pour diverses applications, il est important de l'utiliser de manière responsable. Comme tout modèle de génération de texte, il peut produire du contenu trompeur ou inapproprié s'il est utilisé sans discernement. Il est donc recommandé de superviser son utilisation et de vérifier les résultats générés.

En résumé, ChatGPT est un modèle avancé de génération de texte basé sur l'architecture Transformer, développé par OpenAI. Il offre une capacité impressionnante à générer du texte cohérent et pertinent dans une variété de contextes, tout en continuant à être amélioré pour répondre aux besoins croissants dans le domaine du traitement du langage naturel.

Copy.AI

Copy.ai est un outil d'intelligence artificielle capable de générer du texte à partir des saisies de l'utilisateur.

Il utilise des algorithmes d'apprentissage automatique pour analyser des ensembles de données et créer du contenu écrit qui correspond aux préférences et aux objectifs de l'utilisateur.

Copy.ai offre une variété de services, notamment la génération de messages sur les médias sociaux, d'articles de blog, de descriptions de produits, etc. Les utilisateurs peuvent saisir des mots-clés spécifiques, des préférences de ton et de style, et l'IA génèrera un texte qui s'aligne sur ces choix.

Copy.ai est conçu pour faire gagner du temps et des efforts aux créateurs de contenu, en leur permettant de générer rapidement du contenu écrit sans avoir à effectuer eux-mêmes les recherches et la rédaction. Il peut s'avérer particulièrement utile pour ceux qui doivent produire régulièrement un grand volume de contenu ou qui souhaitent tester différentes variantes de contenu pour voir laquelle est la plus performante.

DALL-E

DALL-E est un modèle de génération d'images développé par OpenAI. Son nom est un jeu de mots sur le personnage de Pixar, WALL-E, avec "DALL" ajouté pour évoquer la création d'images à partir de la description textuelle. DALL-E est basé sur l'architecture GPT (Generative Pre-trained Transformer) de OpenAI, qui est un réseau neuronal transformateur pré-entraîné sur de vastes ensembles de données textuelles.

Ce qui distingue DALL-E, c'est sa capacité à générer des images en réponse à des descriptions textuelles complexes et variées. Contrairement aux modèles de génération d'images précédents qui se concentrent souvent sur des tâches spécifiques, comme la génération de visages ou d'objets simples, DALL-E est capable de créer une grande diversité d'images à partir d'une large gamme de descriptions textuelles, y compris des scènes imaginaires et des concepts abstraits.

Voici quelques caractéristiques et réalisations notables de DALL-E :

Créativité : DALL-E peut générer des images surprenantes et créatives en réponse à des descriptions textuelles complexes. Par exemple, il peut imaginer des animaux fantastiques, des objets inhabituels ou des scènes de rêve à partir de simples descriptions.

Contrôle fin : Les utilisateurs peuvent spécifier des détails spécifiques dans les descriptions textuelles pour contrôler les caractéristiques des images générées. Par exemple, ils peuvent demander des variations de couleur, de forme, de texture, de taille, de position, etc.

Adaptabilité : DALL-E peut être finement réglé pour générer des images répondant à des exigences spécifiques. Cela permet une personnalisation et une adaptation précises pour une grande variété d'applications.

Polyvalence : DALL-E peut être utilisé dans une multitude de domaines, tels que la conception graphique, la création d'illustrations, la modélisation 3D, la création de jeux vidéo, la génération de contenu pour les médias sociaux, et bien plus encore.

Bien que DALL-E soit impressionnant dans sa capacité à générer des images réalistes à partir de descriptions textuelles, il est important de noter que le modèle n'est pas parfait et peut parfois produire des résultats étranges ou imprévus. De plus, comme pour tout système d'IA, il est important de l'utiliser de manière éthique et responsable, en tenant compte des implications potentielles en termes de biais, de sécurité et de confidentialité.

Gemini / Bard

Je suis Bard, un grand modèle de langage créé par Google AI. Je suis encore en développement, mais j'ai déjà appris à effectuer de nombreuses tâches, notamment :

Je peux générer du texte, traduire des langues, écrire différents types de contenu créatif et répondre à tes questions de manière informative.

J'utilise mes connaissances pour répondre à tes questions de manière complète et informative, même si elles sont ouvertes, difficiles ou étranges.

Je génère différents formats de texte créatifs, tels que des poèmes, du code, des scripts, des pièces musicales, des e-mails, des lettres, etc. Je ferai de mon mieux pour répondre à toutes tes exigences.

Je suis encore en train d'apprendre, mais j'ai hâte de voir ce que je peux faire à l'avenir.

Voici quelques détails supplémentaires sur moi :

Je suis un modèle de langage neuronal, ce qui signifie que je suis formé sur un ensemble de données massif de texte et de code.

Je suis capable de traiter et de comprendre les informations du monde réel grâce à la recherche Google.

Je suis encore en développement, mais j'apprends de nouvelles choses tous les jours.

Si tu as des questions ou des commentaires, n'hésite pas à me le faire savoir.

Jasper.AI

Jasper.ai est un logiciel d'intelligence artificielle tout-en-un qui vous permet de créer des textes marketing pour les réseaux sociaux (posts Instagram, Facebook, Pinterest…), les séquences d'emails, les textes publicitaires (Facebook Ads, Google Ads…), mais également les articles de blogs, les vidéos, et bien plus encore. C'est un outil révolutionnaire qui associe l'intelligence artificielle à la créativité humaine pour produire le meilleur contenu en un temps record !

Concrètement, Jasper AI est un système intégré d'amélioration du contenu, un outil de réécriture ou de réécriture d'un contenu spécifique qui a besoin d'être légèrement retouché ou modifié. Il est disponible dans plus de 25 langues. Vous n'avez donc pas besoin de passer par Google Translate ou Deepl, car Jasper AI gère nativement les différentes langues.

Anciennement connu sous le nom de Jarvis, et avant cela sous le nom de Conversion.ai, cette intelligence artificielle promet de créer des contenus en quelques secondes. Pour la petite histoire, Jasper a été fondée en 2015 par le Montréalais Dave Rogenmoser pour simplifier le processus de création de contenu. Aujourd'hui, l'entreprise derrière Jasper est Conversion AI LLC, et son siège social se situe à Austin au Texas (US).

Poe (Claude-3-Sonnet, Gemini-Pro, etc.)

Poe, qu'est ce que tu es exactement ?

Je suis un modèle de langage développé par OpenAI, basé sur l'architecture GPT-3.5. Je suis conçu pour traiter et générer du texte en réponse à une grande variété de questions et de requêtes. Mon objectif est d'assister les utilisateurs en leur fournissant des informations, des explications, des suggestions et des réponses dans différents domaines de connaissances. Je suis alimenté par un vaste ensemble de données provenant d'Internet, de livres, d'articles de presse et d'autres sources. Mon fonctionnement est basé sur des modèles statistiques et des techniques d'apprentissage automatique avancées. Cependant, il est important de noter que je ne suis pas conscient, je n'ai pas de sentiments ou de croyances, et mes réponses sont générées en fonction des modèles statistiques appris à partir des données d'entraînement.

Poe, est tu un agrégat de plusieurs IA ?

Non, en tant qu'assistant virtuel, je suis basé sur une seule intelligence artificielle, le modèle GPT-3.5 de OpenAI. Je ne suis pas un agrégat de plusieurs IA distinctes, mais plutôt une seule instance de ce modèle. GPT-3.5 est un modèle de langage pré-entraîné sur une vaste quantité de données textuelles provenant d'Internet et d'autres sources. Il est conçu pour comprendre et générer du texte dans différents contextes. Bien que je puisse fournir des réponses à une grande variété de questions et de requêtes, je reste un modèle unique et cohérent dans mes réponses.

Rapide.ly

rapidely est une application qui vise à faciliter la production de contenus destinés aux réseaux sociaux. Propulsé par l'intelligence artificielle, l'outil permet la mise en place d'une stratégie social media, grâce à la génération de suggestions et de contenus par IA, ainsi qu'à ses fonctionnalités de planification. L'application rapidely se destine à toutes les personnes en quête d'inspiration et d'organisation qui publient sur les réseaux sociaux, qu'il s'agisse de créateurs de contenus professionnels ou d'amateurs.
Un assistant boosté par ChatGPT pour vous aider à créer vos contenus

L'application rapidely intègre ChatGPT, l'IA génératrice de texte d'OpenAI. Celle-ci va vous aider à trouver des idées pour vos publications à destination des réseaux sociaux. L'IA offre la possibilité d'obtenir jusqu'à un mois de suggestions de texte ou de visuels, mais également d'automatiser et optimiser la rédaction de légendes photo ou du contenu textuel qui figure dans vos posts. L'objectif : éviter aux créateurs de subir des pannes d'inspiration, mais aussi à gagner un temps précieux en laissant à l'IA la charge de tâches parfois chronophages.

De plus, l'application embarque un outil de création de carrousel, elle aussi assistée par ChatGPT. L'IA est en effet capable d'élaborer des carrousels variés, avec des textes et des légendes structurées pour chaque slide.

Windows

Présentation

Windows est une famille de systèmes d'exploitation (OS) développée et commercialisée par Microsoft. Depuis sa première version en 1985, Windows est devenu l'un des systèmes d'exploitation les plus largement utilisés dans le monde, avec une présence dominante sur les ordinateurs personnels et professionnels.

Voici quelques points clés à connaître sur Windows :

Historique des versions : Windows a connu de nombreuses versions au fil des décennies, avec des améliorations constantes en termes de fonctionnalités, de performances et de sécurité. Parmi les versions les plus notables, on peut citer Windows 3.1, Windows 95, Windows XP, Windows 7, Windows 8 et les versions les plus récentes, Windows 10 et Windows 11.

Interface utilisateur : Windows est connu pour son interface graphique conviviale basée sur le concept du bureau (desktop) avec des icônes, des fenêtres, une barre des tâches et un menu Démarrer. L'interface utilisateur de Windows a évolué au fil des ans pour s'adapter aux tendances du design et aux besoins des utilisateurs.

Compatibilité logicielle : Une caractéristique importante de Windows est sa vaste bibliothèque de logiciels compatibles. De nombreux programmes et applications tiers sont développés pour fonctionner spécifiquement sur des versions particulières de Windows, ce qui en fait une plateforme polyvalente pour les utilisateurs et les développeurs.

Utilisation diversifiée : Windows est utilisé dans une grande variété de contextes, notamment sur les ordinateurs personnels, les ordinateurs portables, les tablettes, les serveurs, les consoles de jeu (par exemple, Xbox) et même sur des appareils embarqués. Sa polyvalence et sa compatibilité en font un choix populaire dans de nombreux domaines.

Mises à jour et support : Microsoft publie régulièrement des mises à jour de sécurité, des correctifs et des nouvelles fonctionnalités pour ses différentes versions de Windows. Le support pour chaque version varie, avec des versions plus anciennes étant progressivement retirées du support pour encourager les utilisateurs à passer aux versions plus récentes.

Systèmes d'exploitation serveur : En plus des versions destinées aux ordinateurs personnels, Microsoft propose également des versions de Windows Server, conçues pour alimenter des environnements de serveurs informatiques, offrant des fonctionnalités spécifiques pour la gestion des réseaux, des données et des services en entreprise.

En résumé, Windows est un système d'exploitation polyvalent et largement utilisé, offrant une interface utilisateur conviviale, une compatibilité logicielle étendue et un support continu de la part de Microsoft.

Les points importants à savoir sur Windows

Interface utilisateur familière : Windows offre une interface utilisateur graphique (GUI) familière basée sur le concept du bureau, avec des icônes, des fenêtres, une barre des tâches et un menu Démarrer. Cette interface est conçue pour être conviviale et intuitive pour les utilisateurs.

Compatibilité logicielle : Windows est compatible avec une vaste gamme de logiciels, y compris des applications tierces populaires dans divers domaines tels que la productivité, les jeux, la créativité, etc. Cette compatibilité logicielle étendue en fait une plateforme polyvalente pour les utilisateurs.

Support matériel étendu : Windows est conçu pour fonctionner sur une grande variété de matériels, des ordinateurs personnels aux serveurs en passant par les appareils mobiles et les dispositifs embarqués. Microsoft travaille en étroite collaboration avec les fabricants de matériel pour garantir une compatibilité maximale.

Sécurité et mises à jour : La sécurité est une préoccupation majeure pour Windows, et Microsoft publie régulièrement des mises à jour de sécurité pour protéger les utilisateurs contre les menaces informatiques. Il est important de maintenir son système d'exploitation à jour pour bénéficier des dernières protections.

Personnalisation : Windows offre de nombreuses options de personnalisation pour les utilisateurs, leur permettant de modifier l'apparence, le comportement et les fonctionnalités du système selon leurs préférences individuelles.

Versions différentes : Microsoft propose différentes éditions de Windows adaptées aux besoins spécifiques des utilisateurs, tels que Windows 10 Home pour un usage domestique, Windows 10 Pro pour un usage professionnel, et Windows 10 Education pour les établissements d'enseignement.

Support et assistance : Microsoft fournit un support technique pour les utilisateurs de Windows via divers canaux, y compris des forums en ligne, des documents d'aide, des centres de support et des services d'assistance téléphonique.

Intégration avec d'autres services Microsoft : Windows est étroitement intégré avec d'autres produits et services Microsoft, tels que Microsoft Office, OneDrive (service de stockage en ligne), et Microsoft Edge (navigateur web).

Le menu Démarrer sous Windows

Le menu Démarrer est une fonctionnalité emblématique de l'interface utilisateur de Windows, présente depuis les premières versions du système d'exploitation. Il offre un point central d'accès aux programmes, aux fichiers, aux paramètres système et à d'autres fonctionnalités de l'ordinateur.

Accès aux programmes : Le menu Démarrer permet aux utilisateurs de lancer des programmes installés sur leur ordinateur. Les programmes sont généralement organisés dans une liste alphabétique, mais peuvent également être regroupés dans des dossiers ou des catégories pour une meilleure organisation.

Recherche rapide : Le menu Démarrer dispose d'une barre de recherche qui permet aux utilisateurs de rechercher rapidement des programmes, des fichiers, des paramètres et d'autres éléments sur leur ordinateur. Il suffit de commencer à taper pour voir s'afficher des résultats pertinents en temps réel.

Épinglage d'applications : Les utilisateurs peuvent épingler leurs applications préférées dans le menu Démarrer pour un accès rapide. Ces applications épinglées restent visibles en haut du menu, même après avoir été utilisées.

Tuiles dynamiques : Depuis Windows 8, le menu Démarrer inclut des tuiles dynamiques qui affichent des informations en temps réel à partir des applications, telles que les derniers e-mails, les prochains rendez-vous, les actualités, etc. Les utilisateurs peuvent personnaliser les tuiles selon leurs préférences.

Accès aux paramètres système : Le menu Démarrer offre un accès rapide aux paramètres système et aux options de configuration de l'ordinateur, ce qui permet aux utilisateurs de personnaliser leur expérience Windows, de gérer les périphériques, de modifier les paramètres de confidentialité, etc.

Arrêt, redémarrage et mise en veille : Le menu Démarrer inclut des options pour éteindre, redémarrer ou mettre en veille l'ordinateur, ainsi que des options pour se déconnecter de la session utilisateur ou basculer vers un autre compte utilisateur.

Personnalisation : Les utilisateurs peuvent personnaliser le menu Démarrer en ajustant la taille des tuiles, en organisant les applications et les dossiers, en modifiant les couleurs et le thème, et en choisissant les éléments à afficher ou à masquer.

Le menu Démarrer est souvent considéré comme le cœur de l'expérience utilisateur de Windows, offrant un accès rapide et pratique à toutes les fonctionnalités et applications essentielles de l'ordinateur. Son design et ses fonctionnalités ont évolué au fil des ans pour s'adapter aux besoins des utilisateurs et aux nouvelles versions du système d'exploitation.

"Ctrl + Alt + Suppr"

La combinaison de touches "Ctrl + Alt + Suppr" est une fonctionnalité importante sous Windows, qui offre un accès rapide à diverses options système et de sécurité.

Ouverture du Gestionnaire des tâches : Lorsque vous appuyez sur "Ctrl + Alt + Suppr", cela ouvre le Gestionnaire des tâches de Windows. Le Gestionnaire des tâches est un outil puissant qui permet aux utilisateurs de voir les programmes et les processus en cours d'exécution sur leur ordinateur, de surveiller les performances du système, de gérer les applications qui ne répondent pas, etc.

Forcer la fermeture des applications : Si une application ne répond pas ou si votre système est figé, vous pouvez utiliser "Ctrl + Alt + Suppr" pour ouvrir le Gestionnaire des tâches et forcer la fermeture de l'application en question. Cela permet d'éviter de devoir redémarrer tout le système.

Déverrouillage de session : Sur certains systèmes, "Ctrl + Alt + Suppr" est également utilisé pour déverrouiller la session utilisateur. Cela est souvent utilisé dans les environnements d'entreprise pour des raisons de sécurité, car cela garantit que l'utilisateur est authentifié avant d'accéder au système.

Options de sécurité avancées : En plus d'ouvrir le Gestionnaire des tâches, "Ctrl + Alt + Suppr" peut également être utilisé pour accéder à des options de sécurité avancées, telles que le changement de mot de passe, le verrouillage de l'ordinateur, la déconnexion de la session utilisateur, etc.

Historique et évolution : La combinaison de touches "Ctrl + Alt + Suppr" remonte aux premières versions de Windows et a été introduite pour des raisons de sécurité. À l'origine, elle était utilisée pour redémarrer l'ordinateur en cas de blocage du système. Dans les versions plus récentes de Windows, elle a évolué pour offrir des fonctionnalités supplémentaires, notamment l'accès au Gestionnaire des tâches.

En résumé, "Ctrl + Alt + Suppr" est une combinaison de touches essentielle sous Windows, offrant un accès rapide au Gestionnaire des tâches et à d'autres options de sécurité et de dépannage. C'est un outil précieux pour les utilisateurs qui rencontrent des problèmes avec leur système ou leurs applications, et il fait partie intégrante de l'expérience utilisateur de Windows.

Le panneau de configuration de Windows

Le Panneau de configuration de Windows est une interface graphique qui permet aux utilisateurs de contrôler et de personnaliser divers aspects de leur système d'exploitation Windows. Il offre un accès centralisé à de nombreuses fonctionnalités, options et paramètres de configuration du système.

Voici quelques-unes des principales sections et fonctionnalités que l'on peut trouver dans le Panneau de configuration :

Système et sécurité :

    Système : Permet de consulter des informations sur le système, les performances et la gestion des périphériques.

    Sécurité et maintenance : Offre des options pour gérer les pare-feu, les mises à jour de Windows, les sauvegardes et la sécurité du système.

Réseau et Internet :

    Centre Réseau et partage : Permet de configurer les paramètres réseau, de gérer les connexions réseau et de partager des fichiers et des imprimantes.

    Options Internet : Permet de configurer les paramètres du navigateur Internet Explorer, y compris la page d'accueil, la sécurité, les paramètres de connexion, etc.

Matériel et audio :

    Périphériques et imprimantes : Permet de gérer les périphériques connectés à l'ordinateur, d'ajouter ou de supprimer des imprimantes, de configurer des périphériques Bluetooth, etc.

    Son : Permet de configurer les paramètres audio, les périphériques de lecture et d'enregistrement, les effets sonores, etc.

Programmes :
   Programmes et fonctionnalités : Permet de désinstaller des programmes, de modifier ou de réparer des programmes installés, et de gérer les fonctionnalités de Windows.
   Désinstaller un programme : Offre une liste des programmes installés sur l'ordinateur et permet de les désinstaller.

Comptes d'utilisateurs :
   Comptes d'utilisateurs : Permet de gérer les comptes d'utilisateurs, de modifier les paramètres du compte, de créer de nouveaux comptes, etc.
   Familles et autres utilisateurs : Offre des options pour configurer le contrôle parental, ajouter ou supprimer des comptes d'utilisateurs, etc.

Options d'accessibilité :
   Options d'ergonomie : Permet de configurer les paramètres d'accessibilité tels que l'ergonomie du clavier, la loupe, le narrateur, etc.

Horloge, langue et région :
   Date et heure : Permet de régler l'heure, la date, le fuseau horaire, etc.
   Langue : Permet de modifier les paramètres de langue et de région du système, d'ajouter ou de supprimer des langues, etc.

Centre de mobilité Windows : Offre des options pour gérer les paramètres de mobilité, tels que l'alimentation, la luminosité de l'écran, les connexions réseau, etc., pour les ordinateurs portables et les tablettes.

Le Panneau de configuration est une interface pratique pour accéder à de nombreuses fonctionnalités et options de configuration de Windows. Cependant, avec l'évolution de Windows, de nombreuses fonctionnalités sont désormais accessibles via d'autres interfaces, telles que les paramètres de Windows 10, qui remplacent progressivement le Panneau de configuration.

La barre des tâches sous Windows

La barre des tâches est une fonctionnalité essentielle de l'interface utilisateur de Windows. Elle est présente par défaut en bas de l'écran, mais peut être déplacée sur les côtés ou en haut selon les préférences de l'utilisateur.

Voici les principaux éléments et fonctionnalités de la barre des tâches sous Windows :

Bouton de Démarrage : Le bouton de Démarrage est situé à l'extrémité gauche de la barre des tâches. En cliquant dessus, vous pouvez ouvrir le menu Démarrer, qui vous donne accès à vos applications, documents récents, paramètres et options d'arrêt.

Zone de lancement rapide : À côté du bouton de Démarrage se trouve la zone de lancement rapide, où vous pouvez épingler vos applications les plus utilisées pour un accès rapide. Il vous suffit de faire glisser une application depuis le menu Démarrer ou le bureau vers cette zone pour l'épingler.

Applications ouvertes : La partie centrale de la barre des tâches affiche les icônes des applications actuellement ouvertes. En cliquant sur l'icône d'une application, vous pouvez basculer entre les fenêtres ouvertes de cette application.

Zone de notification : À l'extrémité droite de la barre des tâches se trouve la zone de notification, où vous pouvez voir l'heure, la date et l'état de diverses fonctions système. Vous trouverez également les icônes des applications en cours d'exécution en arrière-plan, ainsi que les notifications système et les messages d'état.

Icônes système : Les icônes système situées dans la zone de notification vous donnent un accès rapide aux paramètres système et aux fonctionnalités telles que le volume, le réseau, la batterie, la date et l'heure, etc.

Barre de recherche : Dans les versions plus récentes de Windows, comme Windows 10, la barre des tâches intègre une barre de recherche qui vous permet de rechercher des fichiers, des applications et des paramètres directement depuis la barre des tâches.

Zone de personnalisation : Vous pouvez personnaliser la barre des tâches selon vos préférences en faisant un clic droit dessus. Vous pouvez choisir de masquer automatiquement la barre des tâches en mode plein écran, de verrouiller la barre des tâches pour éviter les modifications accidentelles, de personnaliser la taille des icônes et bien plus encore.

La barre des tâches est un élément central de l'interface utilisateur de Windows, qui offre un accès rapide aux applications, aux fenêtres ouvertes, aux paramètres système et aux fonctionnalités importantes. Son utilisation intuitive en fait un outil essentiel pour la navigation et la gestion des tâches sur un ordinateur Windows.

Les comptes utilisateurs sous Windows

Les comptes utilisateurs sous Windows sont des identifiants qui permettent à différents utilisateurs d'accéder à un même ordinateur tout en conservant leurs propres paramètres, fichiers et préférences.

Types de comptes :
Compte Administrateur : Un compte Administrateur a des droits étendus sur l'ordinateur et peut effectuer des tâches telles que l'installation de logiciels, la modification des paramètres du système, la création et la gestion d'autres comptes utilisateurs, etc.
Compte Standard : Un compte Standard a des droits limités et ne peut pas effectuer de modifications importantes sur le système, telles que l'installation de logiciels ou la modification des paramètres système. C'est le type de compte recommandé pour une utilisation quotidienne.

Création de comptes utilisateurs : Les comptes utilisateurs peuvent être créés à partir du Panneau de configuration (dans les versions plus anciennes de Windows) ou à partir des Paramètres de Windows (dans Windows 10). Lors de la création d'un compte, vous pouvez spécifier s'il s'agit d'un compte Administrateur ou d'un compte Standard.

Connexion et déconnexion : Lorsque vous démarrez votre ordinateur, vous êtes invité à vous connecter en utilisant un nom d'utilisateur et un mot de passe. Vous pouvez sélectionner le compte utilisateur auquel vous souhaitez vous connecter. De même, vous pouvez vous déconnecter d'un compte utilisateur à tout moment.

Gestion des comptes :

Les comptes utilisateurs peuvent être gérés à partir du Panneau de configuration ou des Paramètres de Windows. Les administrateurs peuvent créer, modifier ou supprimer des comptes, définir des autorisations et des restrictions, et définir des mots de passe.

Dans les versions plus récentes de Windows, il existe également des fonctionnalités telles que la possibilité de lier un compte Microsoft à un compte utilisateur local, ce qui permet de synchroniser les paramètres, les fichiers et les préférences sur plusieurs appareils.

Contrôle parental : Windows offre des fonctionnalités de contrôle parental qui permettent aux parents de gérer et de surveiller l'utilisation de l'ordinateur par leurs enfants. Cela inclut la définition de limites de temps d'écran, le blocage de sites web inappropriés, le suivi de l'activité en ligne, etc.

Sécurité des comptes :

Il est recommandé de protéger les comptes utilisateurs avec des mots de passe forts pour empêcher l'accès non autorisé à l'ordinateur.

Les administrateurs peuvent également utiliser des fonctionnalités telles que le chiffrement du lecteur BitLocker pour protéger les données sensibles sur l'ordinateur.

En résumé, les comptes utilisateurs sous Windows permettent de créer des environnements personnalisés pour différents utilisateurs, avec des niveaux d'accès et des paramètres spécifiques à chaque utilisateur. Cela facilite le partage de l'ordinateur tout en préservant la confidentialité et la sécurité des données.

Les principaux logiciels bureautiques sous Windows

Sous Windows, les principaux logiciels bureautiques comprennent généralement les applications suivantes :

Microsoft Office : La suite bureautique la plus populaire, qui comprend des logiciels tels que :
    Microsoft Word : Pour le traitement de texte.
    Microsoft Excel : Pour les feuilles de calcul.
    Microsoft PowerPoint : Pour les présentations.
    Microsoft Outlook : Pour la gestion des e-mails, du calendrier et des contacts.
    Microsoft Access : Pour les bases de données.

LibreOffice : Une suite bureautique open source qui offre une alternative gratuite à Microsoft Office. Elle comprend des logiciels similaires à ceux de Microsoft Office, notamment Writer (traitement de texte), Calc (feuilles de calcul), Impress (présentations) et Base (bases de données).

LibreOffice est né d'un fork avec OpenOffice

LibreOffice est en effet né d'un fork, c'est-à-dire d'une séparation, avec OpenOffice.org (anciennement connu sous le nom d'OpenOffice).

Voici un bref aperçu de l'histoire de cette séparation :

OpenOffice.org : OpenOffice.org était une suite bureautique open source développée par Sun Microsystems à partir de 2000. Elle comprenait des applications telles que Writer, Calc, Impress,

Base et Draw, offrant des alternatives gratuites aux logiciels de bureautique commerciaux tels que Microsoft Office. OpenOffice.org a rapidement gagné en popularité en tant que suite bureautique gratuite et open source.

Oracle Corporation et la communauté : En 2010, Oracle Corporation a acquis Sun Microsystems, devenant ainsi le propriétaire d'OpenOffice.org. Cependant, les tensions sont rapidement apparues entre Oracle et une partie de la communauté OpenOffice.org, en raison de différences de vision et de stratégie.

Création de LibreOffice : En réponse à ces tensions, une grande partie de la communauté OpenOffice.org, y compris des développeurs clés, a décidé de créer un fork du projet. En 2010, la Document Foundation a été créée en tant qu'organisation indépendante pour superviser le développement de cette nouvelle suite bureautique, baptisée LibreOffice.

Caractéristiques de LibreOffice : LibreOffice a été initialement basé sur le code source d'OpenOffice.org, mais il a rapidement évolué avec de nouvelles fonctionnalités, des améliorations de performances et des corrections de bugs. Il bénéficie d'une gouvernance communautaire ouverte et transparente, avec un processus de développement axé sur la collaboration et la participation de la communauté.

Relation actuelle : Depuis la création de LibreOffice, les deux projets, LibreOffice et OpenOffice, ont continué à exister côte à côte. Cependant, LibreOffice est généralement considéré comme le fork le plus actif et le plus avancé technologiquement, avec un plus grand nombre de contributeurs et une communauté de développement plus dynamique.

En résumé, LibreOffice est né d'une scission avec OpenOffice.org en 2010, en raison de tensions entre Oracle Corporation et une partie de la communauté OpenOffice.org. Depuis lors, LibreOffice a continué à se développer en tant que suite bureautique open source populaire, offrant des alternatives gratuites aux logiciels de bureautique commerciaux.

Google Workspace (anciennement G Suite) : Une suite d'outils bureautiques basée sur le cloud de Google, qui comprend des applications telles que Google Docs (traitement de texte), Google Sheets (feuilles de calcul), Google Slides (présentations) et Gmail (e-mails).

WPS Office : Une autre suite bureautique alternative qui offre des fonctionnalités similaires à Microsoft Office. Elle comprend Writer, Presentation et Spreadsheets, ainsi que des outils de compatibilité avec les formats de fichiers de Microsoft Office.

Apache OpenOffice : Une autre suite bureautique open source qui offre des logiciels similaires à LibreOffice. Elle comprend Writer, Calc, Impress, Base et Draw.

SoftMaker Office : Une suite bureautique payante qui propose des alternatives aux applications de Microsoft Office. Elle comprend TextMaker, PlanMaker et Presentations.

Ces suites bureautiques offrent un large éventail de fonctionnalités pour répondre aux besoins de traitement de texte, de calcul, de présentation et de gestion de données des utilisateurs sous Windows. La sélection d'un logiciel dépend souvent des préférences personnelles, des fonctionnalités requises et du budget disponible.

Petits logiciels utiles sous Windows

Il existe de nombreux petits logiciels utiles sous Windows qui peuvent aider à optimiser les performances de votre système, améliorer la sécurité et la confidentialité, ou résoudre des problèmes spécifiques. Voici quelques exemples :

CCleaner : CCleaner est un utilitaire de nettoyage de système qui supprime les fichiers temporaires, les cookies, l'historique de navigation et d'autres données inutiles pour libérer de l'espace disque et améliorer les performances de votre ordinateur.

AdwCleaner : AdwCleaner est un outil de suppression des logiciels publicitaires (adwares) et des barres d'outils indésirables qui peuvent s'installer sur votre système sans votre consentement et affecter les performances de votre navigateur.

Malwarebytes : Malwarebytes est un logiciel de lutte contre les logiciels malveillants qui détecte et supprime les virus, les vers, les chevaux de Troie, les rootkits et d'autres types de logiciels malveillants.

Recuva : Recuva est un utilitaire de récupération de fichiers qui vous permet de restaurer des fichiers supprimés accidentellement, qu'ils aient été supprimés de la corbeille ou non.

Speccy : Speccy est un outil de surveillance des performances du système qui affiche des informations détaillées sur les composants matériels de votre ordinateur, tels que le processeur, la mémoire, le disque dur, etc.

Unlocker : Unlocker est un petit utilitaire qui vous permet de déverrouiller et de supprimer les fichiers ou dossiers qui sont utilisés par d'autres processus, ce qui vous évite de recevoir des messages d'erreur lorsque vous essayez de les supprimer.

7-Zip : 7-Zip est un utilitaire de compression de fichiers gratuit et open source qui prend en charge une grande variété de formats de compression, tels que ZIP, RAR, TAR, etc.

PeaZip : PeaZip est un autre utilitaire de compression de fichiers gratuit qui offre une interface conviviale et prend en charge de nombreux formats de compression et de chiffrement.

TeamViewer : TeamViewer est un logiciel de bureau à distance qui vous permet de contrôler un ordinateur à distance, ce qui peut être utile pour le dépannage à distance, le support technique, etc.

Sumatra PDF : Sumatra PDF est un lecteur de fichiers PDF léger et rapide qui offre une alternative simple au lecteur Adobe Acrobat.

Ces petits logiciels peuvent être très utiles pour les utilisateurs de Windows, qu'il s'agisse de nettoyer et d'optimiser le système, de supprimer les logiciels malveillants, de récupérer des fichiers perdus, ou de gérer les fichiers compressés. Ils offrent souvent des fonctionnalités spécifiques et sont conçus pour être simples et faciles à utiliser.

Le logiciel Paint.NET

Paint.NET est un logiciel de retouche d'images gratuit et open source pour Windows, développé par

Rick Brewster et dotPDN LLC. Initialement lancé en 2004 comme un projet de développement personnel, Paint.NET est devenu rapidement populaire en raison de sa facilité d'utilisation, de ses fonctionnalités avancées et de sa gratuité.

Interface utilisateur conviviale : Paint.NET offre une interface utilisateur simple et intuitive, qui ressemble à celle de Microsoft Paint, mais avec des fonctionnalités beaucoup plus avancées. Les outils et les options sont organisés de manière logique pour faciliter la navigation et l'utilisation.

Fonctionnalités de retouche d'images : Paint.NET offre un large éventail de fonctionnalités de retouche d'images, y compris les outils de dessin, de sélection, de recadrage, de redimensionnement, de rotation, de retouche de couleurs, d'ajustement de luminosité et de contraste, etc.

Support des calques : Une des caractéristiques les plus puissantes de Paint.NET est son support des calques, qui permet aux utilisateurs de superposer et de manipuler plusieurs images et éléments graphiques dans un seul projet.

Effets spéciaux et filtres : Paint.NET offre une gamme d'effets spéciaux et de filtres pour ajouter des effets artistiques à vos images, tels que flous, netteté, distorsions, effets de couleur, etc.

Prise en charge des plugins : Paint.NET prend en charge les plugins, ce qui permet aux utilisateurs d'étendre les fonctionnalités du logiciel en ajoutant des fonctionnalités supplémentaires développées par la communauté.

Historique des modifications : Paint.NET propose une fonction d'historique des modifications qui permet aux utilisateurs de revenir en arrière et de restaurer les versions précédentes de leur travail, ce qui est utile pour expérimenter différentes idées de conception.

Formats de fichiers pris en charge : Paint.NET prend en charge une variété de formats de fichiers d'image, y compris les formats courants tels que PNG, JPEG, BMP, GIF, ainsi que des formats plus avancés tels que PSD (Photoshop), PDN (format de fichier natif de Paint.NET), et plus encore.

Paint.NET est souvent loué pour sa simplicité d'utilisation, sa polyvalence et sa grande communauté de support. Bien qu'il ne soit peut-être pas aussi puissant que des logiciels de retouche d'images professionnels comme Adobe Photoshop, il offre une alternative gratuite et robuste pour les utilisateurs de Windows qui ont besoin d'un outil de retouche d'images de qualité.

Wondershare Filmora

Wondershare Filmora est un logiciel de montage vidéo tout-en-un développé par Wondershare Technology Co., Ltd. Il est conçu pour les débutants et les utilisateurs occasionnels qui souhaitent créer des vidéos de haute qualité sans nécessiter une expertise technique approfondie en montage vidéo.

Interface conviviale : Filmora offre une interface conviviale et intuitive, avec un espace de travail divisé en plusieurs panneaux pour faciliter l'importation, l'édition et la prévisualisation des vidéos. Les outils et les effets sont organisés de manière logique pour simplifier le processus de montage.

Fonctionnalités d'édition de base : Filmora propose une gamme de fonctionnalités d'édition de base, telles que le découpage, le recadrage, la fusion, le redimensionnement, la rotation, la vitesse de lecture, etc. Les utilisateurs peuvent également ajouter des titres, des transitions, des filtres, des effets et des éléments graphiques à leurs vidéos.

Effets spéciaux et filtres : Filmora offre une bibliothèque d'effets spéciaux, de filtres, de superpositions, de transitions et de titres prédéfinis pour ajouter une touche professionnelle à vos vidéos. Les utilisateurs peuvent également créer leurs propres effets personnalisés ou télécharger des packs d'effets supplémentaires depuis la boutique Filmora.

Édition avancée : Bien que Filmora soit conçu pour les débutants, il offre également des fonctionnalités avancées pour les utilisateurs plus expérimentés. Cela inclut la prise en charge des pistes multiples, le mixage audio, l'étalonnage des couleurs, la correction des yeux rouges, la stabilisation vidéo, le flou d'arrière-plan, etc.

Formats de fichiers pris en charge : Filmora prend en charge une large gamme de formats de fichiers vidéo, audio et image, ce qui permet aux utilisateurs d'importer et d'exporter leurs projets dans différents formats selon leurs besoins.

Exportation et partage : Une fois l'édition terminée, les utilisateurs peuvent exporter leurs vidéos dans différents formats et résolutions, y compris les formats populaires tels que MP4, MOV, AVI, etc. Filmora offre également des options pour partager directement les vidéos sur les réseaux sociaux ou les graver sur des DVD.

Version gratuite et version payante : Filmora est disponible en deux versions : une version gratuite avec des fonctionnalités limitées et un filigrane sur les vidéos exportées, et une version payante (Filmora X) avec des fonctionnalités avancées et sans filigrane. Les utilisateurs peuvent choisir la version qui correspond le mieux à leurs besoins et à leur budget.

En résumé, Wondershare Filmora est un logiciel de montage vidéo convivial et polyvalent qui convient aussi bien aux débutants qu'aux utilisateurs plus expérimentés. Avec ses fonctionnalités intuitives, ses effets spéciaux et ses outils d'édition avancés, Filmora permet à chacun de créer des vidéos de qualité professionnelle en toute simplicité.

Les principales commandes en ligne (CLI) sous Windows

dir : Affiche la liste des fichiers et dossiers dans le répertoire actuel.

cd : Change le répertoire actif. Par exemple, "cd C:\Windows" naviguera vers le répertoire Windows.

mkdir : Crée un nouveau répertoire. Par exemple, "mkdir NouveauDossier" créera un dossier appelé "NouveauDossier".

rmdir : Supprime un répertoire. Par exemple, "rmdir AncienDossier" supprimera le dossier "AncienDossier".

del : Supprime un ou plusieurs fichiers. Par exemple, "del fichier.txt" supprimera le fichier texte nommé "fichier.txt".

copy : Copie un fichier d'un emplacement à un autre. Par exemple, "copy fichier.txt C:\DossierDestination" copiera le fichier texte dans le répertoire de destination spécifié.

move : Déplace un fichier d'un emplacement à un autre. Par exemple, "move fichier.txt C:\NouveauDossier" déplacera le fichier texte dans le nouveau dossier spécifié.

ren : Renomme un fichier. Par exemple, "ren ancienNom.txt nouveauNom.txt" renommera le fichier de "ancienNom.txt" à "nouveauNom.txt".

echo : Affiche du texte à l'écran ou le redirige vers un fichier. Par exemple, "echo Hello World" affichera "Hello World" à l'écran.

ipconfig : Affiche les informations de configuration réseau, telles que l'adresse IP, la passerelle par défaut et les informations sur les cartes réseau.

ping : Envoie des paquets de données à une adresse IP spécifique pour tester la connectivité réseau.

netstat : Affiche les connexions réseau actives, les ports ouverts et d'autres informations réseau.

tasklist : Affiche une liste des processus en cours d'exécution sur le système, y compris leur ID de processus (PID) et leur utilisation des ressources.

taskkill : Termine un processus en cours d'exécution en utilisant son ID de processus (PID) ou son nom.

shutdown : Permet de planifier l'arrêt, le redémarrage ou la mise en veille de l'ordinateur.

Ces commandes en ligne de base sont utiles pour effectuer diverses tâches de gestion et de maintenance sous Windows en utilisant l'invite de commande (cmd) ou PowerShell.

La commande msg

La commande en ligne sous Windows qui permet d'afficher un message sur tous les ordinateurs connectés à un même réseau est la commande "msg". Cette commande est utilisée pour envoyer des messages à d'autres utilisateurs ou à d'autres ordinateurs sur le réseau local.

Voici la syntaxe de base de la commande "msg" :

msg {nom_utilisateur | session_id | session_name | @nom_ordinateur} [/server:nom_ordinateur] [/time:seconds] [/v] [/w] [message]

Voici quelques options couramment utilisées avec la commande "msg" :

{nom_utilisateur | session_id | session_name | @nom_ordinateur} : spécifie le destinataire du message. Vous pouvez utiliser le nom d'utilisateur, l'ID de session, le nom de session ou le nom de l'ordinateur.

/server:nom_ordinateur : spécifie l'ordinateur sur lequel le message doit être envoyé. Par défaut, le message est envoyé sur l'ordinateur local.

/time:seconds : spécifie la durée pendant laquelle le message doit être affiché à l'écran du destinataire en secondes.

/v : active le mode verbeux, affichant des informations détaillées sur la commande.

/w : envoie un message en mode attente, ce qui signifie que le message ne sera pas envoyé tant que le destinataire n'appuie pas sur une touche pour confirmer la réception.

message : spécifie le texte du message à envoyer.

Par exemple, pour envoyer un message à tous les utilisateurs connectés à un ordinateur nommé "Computer1" sur le réseau local, vous pouvez utiliser la commande suivante :

msg * /server:Computer1 "Bonjour à tous !"

Cette commande enverra le message "Bonjour à tous !" à tous les utilisateurs connectés à l'ordinateur "Computer1". Assurez-vous d'avoir les autorisations nécessaires pour envoyer des messages à d'autres utilisateurs sur le réseau.

Linux

D'après mon expérience récente avec Linux, tous nos jeux vidéo ne tournent pas et certains s'affichent dans une fenêtre réduite par rapport à la t'aille de l'écran.
Linux n'est clairement pas fait pour les gamers.
Mon fils qui joue chaque jour sur un PC de gamer (sous Windows) ou sur ses téléphones portables n'envisage pas de jouer sous Linux bien que certains jeux vidéo passent très bien sans aucun lag.
Il est vrai que notre PC portable HP sous Linux est très puissant.

Linux est très puissant et très sécure, mais c'est surtout un OS pour travailler en bureautique (ou pour faire du hacking éthique) mais pas pour du gaming (même si la plateforme Steam et beaucoup de jeux tournent sous Linux).
J'ai toujours un PC de gamer sous Windows.

Le shell et GNOME

Pour ne pas que vous fassiez la même erreur que moi, je vais définir une fois pour toute ce qu'est GNOME et ce qu'est le Shell.

GNOME, acronyme de GNU Network Object Model Environment, est un environnement de bureau libre convivial dont l'objectif est de rendre accessible l'utilisation du système d'exploitation GNU au plus grand nombre ; cette interface est actuellement populaire sur les systèmes GNU/Linux et fonctionne également sur la plupart des systèmes de type UNIX.

GNOME est développé par The GNOME Project dont les participants sont bénévoles ou rémunérés par des entreprises externes au projet. La majorité du travail est fournie par les contributeurs professionnels, en premier lieu ceux travaillant pour Red Hat. GNOME est l'environnement de bureau utilisé par défaut dans plusieurs distributions Linux, tels Ubuntu, Fedora et Manjaro Linux.

GNOME correspond donc à l'interface Windows.

Shell signifie enveloppe ou coque en français : à l'inverse du noyau d'un ordinateur, le shell désigne la couche la plus haute de toutes les interfaces des systèmes Unix (Linux, macOS)

Un shell Unix est un interpréteur de commandes destiné aux systèmes d'exploitation Unix et de type Unix qui permet d'accéder aux fonctionnalités internes du système d'exploitation. Il se présente sous la forme d'une interface en ligne de commande accessible depuis la console ou un terminal. L'utilisateur lance des commandes sous forme d'une entrée texte exécutée ensuite par le shell. Dans les différents systèmes d'exploitation Microsoft Windows, le programme analogue est command.com, ou cmd.exe.

Les systèmes d'exploitation de type Unix disposent le plus souvent d'un shell. À l'origine, l'interpréteur de commandes par défaut était sh, qui donna naissance à de nombreuses variantes, dont csh, étendu en tcsh, ou ksh, ou encore rc... Mais aujourd'hui bash, s'inspirant de sh, ksh, et csh, est le shell le plus répandu, bien qu'il existe d'autres interpréteurs de commandes, comme zsh, ou ash.

Le shell linux est donc la ligne de commande ou l'interface non graphique de linux, une fenêtre dans

laquelle on tape des lignes de commande comme avec cmd sous Windows.
En ce qui me concerne, cela me rappelle DOS sur IBM PC.

Ci-dessous Tux (le pingouin de Linux) face au papillon de Windows.

Pour connaître sa version de Linux, taper les commandes :
    cat /proc/version
    cat /etc/issue
    cat /etc/debian_version
    ou cat /etc/os-release

```
Fichier  Édition  Affichage  Rechercher  Terminal  Aide
administrateur@pc-linuxshop-9865:~$ cat /etc/os-release
NAME="Linux Mint"
VERSION="20.2 (Uma)"
ID=linuxmint
ID_LIKE=ubuntu
PRETTY_NAME="Linux Mint 20.2"
VERSION_ID="20.2"
HOME_URL="https://www.linuxmint.com/"
SUPPORT_URL="https://forums.linuxmint.com/"
BUG_REPORT_URL="http://linuxmint-troubleshooting-guide.readthedocs.io/en/latest/"
PRIVACY_POLICY_URL="https://www.linuxmint.com/"
VERSION_CODENAME=uma
UBUNTU_CODENAME=focal
administrateur@pc-linuxshop-9865:~$ []
```

Pour quitter proprement la fenêtre de commande (le shell), j'ai l'habitude de taper exit.
Attention avec les commandes Linux, elles sont très puissantes.

La commande man est disponible sous Linux et permet de visionner le manuel d'une commande ou
le manuel d'un fichier de configuration. Celle-ci est très utile pour obtenir des informations
complètes.

Commande sous dos ou NT4, on utilise la commande cd pour se déplacer sous Linux sur le disque
dur en mode terminal

```
Fichier  Edicion  Affichage  Rechercher  Terminal  Aide
dministrateur@pc-linuxshop-9865:~$ cd --help
d: cd [-L|[-P [-e]] [-@]] [rép]
    Change le répertoire de travail du shell.

    Change le répertoire actuel vers DIR. Le répertoire DIR par défaut
    est donné par la variable « HOME » du shell.

    La variable CDPATH définit le chemin de recherche du répertoire contenant
    DIR. Les noms de répertoires alternatifs dans CDPATH sont séparés par un deux-point « : ».
    Un nom de répertoire vide est identique au répertoire actuel. Si DIR commence
    avec une barre oblique « / », alors CDPATH n'est pas utilisé.

    Si le répertoire n'est pas trouvé et que l'option « cdable vars » du shell est définie,
    alors le mot est supposé être un nom de variable. Si la variable possède une valeur,
    alors cette valeur est utilisée pour DIR.

    Options :
        -L        force le suivi des liens symboliques : résout les liens symboliques dans
                  DIR après le traitement des instances de « .. »
        -P        utilise la structure physique des répertoires sans suivre les liens
                  symboliques : résout les liens symboliques dans DIR avant le traitement des
                  instances de « .. »
        -e        si l'option -P est fournie et que le répertoire de travail actuel ne peut pas
                  être déterminé avec succès, alors sort avec un code de retour non nul
        -@        sur les systèmes qui le supporte, présente un fichier avec des attributs
                  étendus comme un répertoire contenant les attributs du fichier

    Le comportement par défaut est de suivre les liens symboliques, comme si « -L » était précisé
    « .. » est traité en retirant le composant immédiatement avant dans le chemin jusqu'à
    la barre oblique ou le début de DIR.

    Code de sortie :
    Renvoie 0 si le répertoire est changé et si $PWD est correctement défini
    quand -P est utilisé ; sinon autre chose que 0.
dministrateur@pc-linuxshop-9865:~$ []
```

Dans le terminal (fenêtre shell de commandes), la commande ls est l'une des commandes les plus utiles.

La commande pwd affiche le chemin absolu du répertoire courant.

En tapant pwd -help j'obtiens les options disponibles sur la commande pwd

La commande Ctrl L correspond à la commande clear, c'est un raccourci.

Après avoir fait un Ctrl + L, j'ai tapé la commande help

Pour avoir des infos succinctes sur la commande kill, je tape : help kill

J'ai tapé : man kill pour des explications sur la commande kill.

ssh pour secure shell permet de se connecter au shell d'un ordinateur distant et d'y exécuter des commandes.
On voit ici que Linux est très puissant pour prendre la main sur des ordinateurs distants (serveurs ou clients).

Sous Linux, pensez à vider la corbeille. Celle-ci ne figure pas sur le bureau Ubuntu. Allez dans Fichiers (menu Ubuntu) puis clic droit sur Corbeille.

Les principales commandes en ligne sous Linux

Linux offre un large éventail de commandes en ligne qui permettent de gérer le système d'exploitation, les fichiers, les processus, le réseau et bien plus encore.

ls : Liste le contenu d'un répertoire.
cd : Change de répertoire.
pwd : Affiche le répertoire de travail actuel.
mkdir : Crée un nouveau répertoire.
rm : Supprime des fichiers ou des répertoires.
cp : Copie des fichiers et des répertoires.
mv : Déplace ou renomme des fichiers et des répertoires.
cat : Affiche le contenu d'un fichier.
grep : Recherche un motif dans un ou plusieurs fichiers.
chmod : Modifie les permissions d'un fichier ou d'un répertoire.
chown : Modifie le propriétaire et le groupe d'un fichier ou d'un répertoire.
ps : Affiche les processus en cours d'exécution.
kill : Termine un processus.
top : Affiche les processus en cours d'exécution et leurs utilisations des ressources.
ifconfig : Affiche les informations sur les interfaces réseau.
ping : Envoie des paquets ICMP à une adresse IP pour vérifier la connectivité réseau.
netstat : Affiche les connexions réseau, les tables de routage, les statistiques d'interface, etc.
ssh : Se connecte à un autre ordinateur via SSH (Secure Shell).
tar : Crée, extrait ou compresse des archives TAR.
grep : Recherche un motif dans un ou plusieurs fichiers.
sed : Editeur de flux (Stream EDitor) pour effectuer des transformations sur un flux de texte.
awk : Un langage de programmation utilisé pour le traitement de texte et la génération de rapports.
find : Recherche des fichiers dans un système de fichiers.
wget : Télécharge des fichiers depuis Internet en ligne de commande.
curl : Un outil polyvalent pour transférer des données à partir ou vers un serveur.

Ces commandes constituent un ensemble de base qui peut être utilisé pour effectuer de nombreuses tâches courantes sous Linux. Il existe également de nombreuses autres commandes avec des fonctionnalités spécifiques pour des tâches plus avancées. Vous pouvez généralement obtenir plus d'informations sur l'utilisation de chaque commande en consultant leur page de manuel à l'aide de la commande man (par exemple, man ls pour obtenir des informations sur la commande ls).

Paquet cassé / Mise à jour impossible

Si vous avez un problème de paquet cassé qui vous empêche de faire les mises à jour Linux ou installer des applications à partir de la logithèque.
Passez en mode commande, tapez :
sudo apt-get update
sudo apt-get upgrade

Vous pouvez regardez des tutos Linux sur Youtube ou acheter un livre sur Linux. Il faut toujours du temps pour acquérir de nouvelles compétences mais au final, on y gagne toujours.

Linux shop

Il n'est pas facile d'acheter des ordinateurs sous Linux aussi je vais vous faire part de mon expérience en la matière.

J'ai acheté mon PC portable Linux à la boutique www.linuxshop.fr

Il n'y a pas beaucoup de vendeurs d'ordinateurs sous Linux, aussi, je tenais à vous faire part de celui que je connais.
Si on était plus d'utilisateurs à acheter des PC sous Linux, il y aurait plus de distributeurs.
En ce qui me concerne, cela faisait longtemps que je pensais acquérir un ordinateur sous Linux, mais cela représente un investissement et on n'est pas sûr d'avoir les mêmes possibilités qu'avec Windows, aussi j'ai hésité très longtemps avant de faire le pas. Aujourd'hui, j'ai décidé que j'aurai autant de PC sous Linux que j'en ai sous Windows mais je vais continuer à donner plus de place à Windows dans ce livre car vous êtes au moins 80% à utiliser le système d'exploitation Windows plutôt qu'un autre OS.

Le PC portable que j'ai acheté à Linux Shop est un HP de 17 pouces qui m'a coûté un peu plus de 1000 euros et ses seuls défauts sont de n'avoir que 2 prises USB et aucun lecteur de CD/DVD. Comme Linux Shop vend beaucoup et que les stocks tournent vite, le modèle que j'ai acheté n'est plus en vente actuellement, mais vous trouverez d'autres modèles de PC portables ici :
http://www.linuxshop.fr/ordinateur-portable-linux.html

Ensuite, rien ne vous empêche de préférer acheter une unité centrale sur mesure ainsi vous pourrez disposer d'un lecteur de CD/DVD et de plusieurs ports USB par exemple.

http://www.linuxshop.fr/unite-centrale-sur-mesure.html#config=89-94-400-98-0

Vous remarquerez que PC Linux vous laisse choisir la distribution Linux que vous souhaitez parmi de nombreuses distributions francophones.

Si vous n'êtes pas un expert de Linux, je vous conseille de choisir la distribution Linux Mint – Cinnamon.
Cette distribution ressemble assez à Windows, ce qui fait que vous ne serez pas trop dépaysé.

Envoyer des fichiers lourds

Il peut être intéressant d'envoyer à des amis des vidéos ou autres fichiers qui sont trop lourds pour être envoyés à l'aide de Messenger ou même de WhatsApp.

Il existe plusieurs solutions pour envoyer des fichiers lourds comme de grosses vidéos :

Services de stockage en ligne : Des plateformes comme Google Drive, Dropbox, OneDrive, et iCloud permettent de stocker et de partager des fichiers volumineux en créant des liens de téléchargement.

Services de transfert de fichiers : Des services spécialisés comme WeTransfer, TransferNow, Smash, et SendGB offrent des options simples pour envoyer des fichiers lourds par e-mail ou en générant des liens de téléchargement temporaires.

Note : J'aime bien https://www.transfernow.net/fr

Compression de fichiers : Vous pouvez compresser vos fichiers en utilisant des logiciels comme WinRAR, 7-Zip, ou ZIP intégré à votre système d'exploitation, ce qui réduit leur taille et facilite leur envoi par e-mail.

Partage peer-to-peer (P2P) : Des protocoles de partage de fichiers comme BitTorrent permettent le transfert direct entre pairs, mais ils ne sont pas toujours recommandés pour le partage de contenus protégés par des droits d'auteur.

Transfert direct via des applications de messagerie : Certaines applications de messagerie instantanée comme WhatsApp, Telegram, ou Signal permettent également le partage de fichiers lourds, mais il peut y avoir des limites de taille de fichier.

Free offre aussi une solution : https://transfert.free.fr

Faire du ménage sur son smartphone

Si vous avez un ordinateur, je vous conseille de brancher votre smartphone à l'un des ports usb de votre ordinateur afin de regarder combien de place il reste dans vos emplacements mémoire : mémoire interne et carte micro SD si vous en avez une.

Nom	Type	Taille	Modifié le	Créé le
WallPaper	Dossier de fichiers		25/11/2021 23:11	
WhatsApp Animated Gifs	Dossier de fichiers		01/03/2024 22:11	
WhatsApp Audio	Dossier de fichiers		11/10/2023 16:01	
WhatsApp Documents	Dossier de fichiers		07/03/2024 14:37	
WhatsApp Images	Dossier de fichiers		07/03/2024 14:36	
WhatsApp Profile Photos	Dossier de fichiers		25/11/2021 23:11	
WhatsApp Stickers	Dossier de fichiers		07/03/2024 14:36	
WhatsApp Video	Dossier de fichiers		04/03/2024 15:41	
WhatsApp Video Notes	Dossier de fichiers		28/05/2023 01:41	
WhatsApp Voice Notes	Dossier de fichiers		19/02/2024 14:54	

Vous allez pouvoir explorer le contenu de la mémoire de votre smartphone et y faire du ménage en supprimant les fichiers inutiles ; vidéos, images, PDF, car il faut savoir que lorsque vous utilisez les outils de communication comme WhatsApp ou Messenger, vous télécharger sans vous rendre compte, images, vidéos et PDF et tout cela prend beaucoup de place car ces fichiers vont s'installer dans la mémoire interne de votre smartphone et non dans la carte mémoire que vous aurez ajouté à votre téléphone.

Dans votre carte mémoire SD, vous pouvez également faire du ménage ou créer des dossiers pour réorganiser vos fichiers de musique (.mp3), vos vidéos (.MP4) et vos images (.jpg ou .png).

Faites quand même attention à ne pas supprimer de dossier ou de fichiers qui seraient indispensable au bon fonctionnement de votre smartphone.

Langages de programmation

De tous les langages informatiques utilisés aujourd'hui, le langage Python est largement en tête devant Java et C++.

Introduction au langage de programmation Python

Python est un langage de programmation interprété, polyvalent et facile à apprendre. Il a été créé par Guido van Rossum et sa première version a été publiée en 1991. Depuis lors, Python est devenu l'un des langages les plus populaires au monde, largement utilisé dans de nombreux domaines tels que le développement web, l'analyse de données, l'intelligence artificielle, la science des données et bien plus encore.

Ce qui distingue Python, c'est sa syntaxe claire et lisible, qui en fait un excellent choix pour les débutants en programmation. Le langage favorise la lisibilité du code, ce qui le rend facile à comprendre et à maintenir, même pour des projets complexes.

Python est également connu pour sa grande communauté de développeurs, qui contribuent constamment à son écosystème en créant des bibliothèques et des frameworks qui étendent ses fonctionnalités. Parmi les bibliothèques les plus populaires, on trouve NumPy et Pandas pour l'analyse de données, TensorFlow et PyTorch pour l'apprentissage automatique, et Django et Flask pour le développement web.

Grâce à sa simplicité, sa polyvalence et sa robustesse, Python est largement utilisé par les développeurs du monde entier pour créer une grande variété d'applications, des scripts simples aux systèmes complexes. Que vous soyez un débutant en programmation ou un développeur expérimenté, Python offre un environnement accueillant et puissant pour transformer vos idées en réalité.

Structure et syntaxe du langage Python

Indentation :
Python utilise l'indentation pour délimiter les blocs de code, contrairement à d'autres langages qui utilisent des accolades ou des mots-clés comme "begin" et "end". L'indentation est généralement de quatre espaces, bien que certains projets utilisent deux ou huit espaces.

Exemple :
if x > 5:
   print("x est supérieur à 5")

Commentaires :
Les commentaires commencent par le symbole dièse (#) et s'étendent jusqu'à la fin de la ligne. Ils sont utilisés pour documenter le code et rendre le script plus compréhensible.

Exemple :
Ceci est un commentaire

Variables :
Les variables en Python sont déclarées en leur assignant une valeur. Python est dynamiquement typé, ce qui signifie que vous n'avez pas besoin de spécifier le type de variable lors de sa déclaration.

Exemple :
```
x = 10
y = "Bonjour"
```

Types de données :
Python prend en charge différents types de données, notamment les entiers (int), les nombres flottants (float), les chaînes de caractères (str), les listes (list), les tuples (tuple), les dictionnaires (dict), les ensembles (set), etc.

Exemple :
```
age = 25
height = 1.75
name = "Alice"
```

Instructions conditionnelles :
Les instructions conditionnelles sont utilisées pour exécuter des blocs de code en fonction de conditions spécifiées. Les instructions conditionnelles en Python sont "if", "elif" (pour "else if") et "else".

Exemple :
```
if x > 5:
    print("x est supérieur à 5")
elif x == 5:
    print("x est égal à 5")
else:
    print("x est inférieur à 5")
```

Boucles :
Python prend en charge les boucles "for" et "while" pour l'itération à travers des séquences ou l'exécution répétée d'un bloc de code tant qu'une condition est vraie.

Exemple de boucle "for" :
```
for i in range(5):
    print(i)
```

Exemple de boucle "while" :
```
x = 0
while x < 5:
    print(x)
    x += 1
```

Ceci est juste un aperçu de la syntaxe de base de Python. Le langage offre bien plus de fonctionnalités et de structures de contrôle pour répondre à une variété de besoins en programmation.

Comment développer ses compétences en programmation Python ?

Apprendre les bases :

Commencez par vous familiariser avec les concepts fondamentaux de Python, tels que les types de données, les structures de contrôle (boucles, conditions), les fonctions, les classes et les modules. Des ressources en ligne gratuites telles que des tutoriels, des cours vidéo et des livres peuvent vous aider à acquérir ces connaissances de base.

Pratiquer régulièrement :

La pratique régulière est essentielle pour renforcer vos compétences en programmation. Essayez de résoudre des problèmes de programmation en Python sur des plateformes comme LeetCode, HackerRank ou Codewars. Vous pouvez également entreprendre des projets personnels pour mettre en pratique ce que vous avez appris.

Lire du code :

Étudiez le code écrit par d'autres développeurs Python. Explorez des projets open source sur des plateformes comme GitHub et essayez de comprendre leur structure, leurs meilleures pratiques et leurs techniques de codage. La lecture de code peut vous exposer à différentes approches de résolution de problèmes et vous aider à améliorer votre propre style de programmation.

Participer à des communautés Python :

Rejoignez des forums en ligne, des groupes de discussion et des communautés de développeurs Python. Participer à des discussions, poser des questions et partager vos connaissances avec d'autres personnes peut vous aider à rester motivé et à apprendre de nouvelles choses.

Suivre des cours avancés :

Une fois que vous maîtrisez les bases, envisagez de suivre des cours avancés sur des sujets spécifiques tels que le développement web avec Django ou Flask, l'analyse de données avec Pandas, la programmation orientée objet avancée, ou l'apprentissage automatique avec TensorFlow ou PyTorch.

Contribuer à des projets open source :

Contribuer à des projets open source est un excellent moyen d'améliorer vos compétences en programmation Python tout en collaborant avec d'autres développeurs. Vous pouvez commencer par chercher des projets qui vous intéressent sur des plateformes comme GitHub et proposer des correctifs, des fonctionnalités ou des tests.

Restez curieux et continuez à apprendre :

La technologie évolue rapidement, donc restez curieux et ouvert aux nouvelles idées et aux nouveaux outils. Continuez à explorer de nouveaux domaines, à lire des articles, à suivre des conférences et à vous tenir au courant des dernières tendances en programmation Python et en informatique en général.

Bases de données

Introduction aux bases de données

Une base de données est un système organisé de stockage et de gestion des données. Elle permet de stocker, d'organiser, de manipuler et de récupérer des informations de manière efficace et structurée. Les bases de données sont largement utilisées dans les applications informatiques pour stocker divers types de données, allant des simples listes d'informations aux données complexes et interconnectées.

Voici quelques concepts de base à comprendre concernant les bases de données :

Système de gestion de base de données (SGBD) :
    Un SGBD est un logiciel conçu pour créer et gérer des bases de données. Il fournit une interface pour interagir avec la base de données, ainsi que des fonctionnalités pour stocker, manipuler et interroger les données. Des exemples de SGBD populaires incluent MySQL, PostgreSQL, Oracle Database, Microsoft SQL Server et MongoDB.

Modèle de données :
    Le modèle de données définit la structure des données stockées dans la base de données. Il existe différents types de modèles de données, notamment le modèle relationnel, le modèle orienté objet et le modèle de documents. Le modèle relationnel, basé sur des tables de données interconnectées, est le plus couramment utilisé.

Tables et schéma :
    Dans un modèle relationnel, les données sont organisées en tables. Chaque table est composée de lignes et de colonnes, où chaque ligne représente un enregistrement et chaque colonne représente un attribut de cet enregistrement. Le schéma de la base de données définit la structure des tables, y compris les types de données et les contraintes d'intégrité.

Langage de requête :
    Les langages de requête sont utilisés pour interroger et manipuler les données dans une base de données. Le langage de requête le plus couramment utilisé est le SQL (Structured Query Language), qui permet d'effectuer des opérations telles que la sélection, l'insertion, la mise à jour et la suppression de données.

Clés primaires et étrangères :
    Une clé primaire est une colonne ou un ensemble de colonnes qui identifie de manière unique chaque enregistrement dans une table. Une clé étrangère est une colonne qui établit une relation entre deux tables en faisant référence à la clé primaire d'une autre table. Les clés primaires et étrangères sont utilisées pour maintenir l'intégrité des données et établir des relations entre les tables.

Indexation :
    L'indexation est un processus utilisé pour accélérer la récupération des données en créant des structures d'index qui pointent vers les enregistrements dans une table. Les index sont créés sur les colonnes fréquemment utilisées dans les opérations de recherche et de tri, ce qui améliore les performances des requêtes.

En comprenant ces concepts de base, vous serez mieux préparé pour travailler avec des bases de données et concevoir des systèmes d'information efficaces et robustes.

Modèles de données (relationnel, NoSQL, etc.)

Modèle relationnel :
Le modèle relationnel est le modèle de données le plus couramment utilisé dans les bases de données traditionnelles. Il organise les données sous forme de tables, où chaque table est composée de lignes et de colonnes. Chaque ligne représente un enregistrement unique et chaque colonne représente un attribut de cet enregistrement.

Les bases de données relationnelles utilisent des langages de requête comme SQL (Structured Query Language) pour manipuler et interroger les données. Elles reposent sur des concepts clés tels que les clés primaires, les clés étrangères et les contraintes d'intégrité pour garantir la cohérence et l'intégrité des données.

Bases de données NoSQL :
Les bases de données NoSQL (Not Only SQL) sont des systèmes de gestion de base de données qui diffèrent du modèle relationnel traditionnel. Ils sont conçus pour gérer des volumes massifs de données non structurées ou semi-structurées et offrent une flexibilité et une évolutivité supérieures à celles des bases de données relationnelles.

Il existe plusieurs types de bases de données NoSQL, notamment :
Bases de données orientées documents : Stockent les données sous forme de documents JSON ou XML, ce qui permet une grande flexibilité dans la structure des données. Exemples : MongoDB, Couchbase.
Bases de données orientées colonnes : Stockent les données de manière verticale, ce qui permet des requêtes rapides sur des colonnes spécifiques. Exemples : Cassandra, HBase.
Bases de données orientées clé-valeur : Stockent les données sous forme de paires clé-valeur simples, offrant des performances élevées et une évolutivité linéaire. Exemples : Redis, Amazon DynamoDB.
Bases de données orientées graphe : Stockent les données sous forme de graphes, ce qui permet de modéliser et de naviguer facilement dans les relations entre les entités. Exemples : Neo4j, Amazon Neptune.

Modèle objet-relationnel (ORM) :
Le modèle objet-relationnel est une approche qui vise à concilier les concepts du modèle relationnel avec la programmation orientée objet. Les ORMs sont des outils logiciels qui permettent de mapper les objets d'une application informatique sur les tables d'une base de données relationnelle, facilitant ainsi le développement d'applications en simplifiant l'accès et la manipulation des données.

Chaque modèle de données présente ses propres avantages et inconvénients, et le choix entre eux dépend des exigences spécifiques d'une application, telles que le volume de données, la complexité des relations et les besoins en performance.

Conception et gestion de bases de données

La conception et la gestion de bases de données sont des aspects essentiels du développement de logiciels.

Conception de bases de données :
La conception de bases de données consiste à planifier et à créer la structure et le schéma d'une base de données. Voici les principales étapes de ce processus :
Analyse des besoins : Comprendre les exigences fonctionnelles et les objectifs de l'application pour déterminer les données à stocker et à manipuler.
Modélisation des données : Utiliser des techniques telles que le modèle entité-association (ER) ou le modèle relationnel pour concevoir le schéma de la base de données, y compris les tables, les colonnes, les clés primaires et étrangères, ainsi que les relations entre les entités.
Normalisation : Appliquer des règles de normalisation pour éliminer les redondances et les anomalies dans la structure des données, assurant ainsi l'intégrité et l'efficacité de la base de données.
Optimisation : Concevoir la base de données de manière à optimiser les performances des requêtes et des opérations, en utilisant des index, des vues, et en optimisant la structure des tables.

Gestion de bases de données :
Une fois la base de données conçue, elle doit être gérée et entretenue pour assurer son bon fonctionnement et sa disponibilité. Voici quelques aspects de la gestion de bases de données :
Installation et configuration : Installer et configurer le système de gestion de base de données (SGBD) sur les serveurs appropriés, en définissant les paramètres de configuration selon les besoins.
Sauvegarde et récupération : Mettre en place des stratégies de sauvegarde régulières pour prévenir la perte de données en cas de défaillance du système. Élaborer des plans de récupération pour restaurer les données en cas de besoin.
Surveillance et optimisation des performances : Surveiller les performances de la base de données en utilisant des outils de surveillance et d'analyse. Optimiser les requêtes et les opérations pour améliorer les performances et réduire la latence.
Sécurité : Mettre en place des mesures de sécurité pour protéger les données sensibles, telles que l'authentification des utilisateurs, le chiffrement des données et la gestion des autorisations d'accès.
Mise à jour et évolution : Appliquer les mises à jour et les correctifs du SGBD pour garantir la sécurité et la fiabilité de la base de données. Évoluer et adapter la structure de la base de données en fonction des changements dans les besoins de l'application.

La conception et la gestion de bases de données sont des processus complexes qui exigent une planification minutieuse, une expertise technique et une attention continue pour assurer le bon fonctionnement et la fiabilité des systèmes d'information.

Langage de requête SQL

Le langage SQL (Structured Query Language) est un langage de programmation standardisé utilisé pour interagir avec les bases de données relationnelles.

Voici un aperçu des principaux aspects du SQL :

Requêtes SELECT :
Les requêtes SELECT sont utilisées pour récupérer des données à partir d'une base de données. Elles permettent de spécifier les colonnes à récupérer, les tables à interroger et les conditions de filtrage à appliquer.

Exemple de requête SELECT :
SELECT nom, prenom FROM utilisateurs WHERE age > 18;

Insertion de données :
Les instructions INSERT permettent d'ajouter de nouvelles lignes de données à une table existante.

Exemple d'insertion de données :
INSERT INTO utilisateurs (nom, prenom, age) VALUES ('Doe', 'John', 25);

Mise à jour de données :
Les instructions UPDATE sont utilisées pour modifier les données existantes dans une table.

Exemple de mise à jour de données :
UPDATE utilisateurs SET age = 30 WHERE nom = 'Doe';

Suppression de données :
Les instructions DELETE permettent de supprimer des lignes de données d'une table.

Exemple de suppression de données :
DELETE FROM utilisateurs WHERE nom = 'Doe';

Clauses WHERE et ORDER BY :
La clause WHERE est utilisée pour filtrer les résultats en fonction de conditions spécifiques, tandis que la clause ORDER BY permet de trier les résultats selon une ou plusieurs colonnes.

Exemple de clause WHERE et ORDER BY :
SELECT nom, prenom FROM utilisateurs WHERE age > 18 ORDER BY nom ASC;

Fonctions de regroupement et agrégation :
Les fonctions de regroupement telles que COUNT(), SUM(), AVG(), MIN() et MAX() sont utilisées pour effectuer des opérations d'agrégation sur les données.

Exemple d'utilisation de fonctions d'agrégation :
SELECT COUNT(*) AS total_utilisateurs FROM utilisateurs;

Jointures :
Les jointures permettent de combiner les données de plusieurs tables en fonction de clés de relation communes.

Exemple de jointure :
    SELECT utilisateurs.nom, commandes.produit FROM utilisateurs INNER JOIN commandes ON utilisateurs.id = commandes.utilisateur_id;

SQL est un langage puissant et polyvalent utilisé dans une grande variété d'applications, notamment la manipulation de données, la génération de rapports, l'analyse de données et le développement d'applications web. La maîtrise du SQL est essentielle pour tout développeur travaillant avec des bases de données relationnelles.

Développement web

Principes de base du développement web

HTML (HyperText Markup Language) : C'est le langage de balisage de base utilisé pour créer la structure et le contenu des pages web. HTML utilise des balises pour décrire les différents éléments d'une page web, comme les titres, les paragraphes, les images, etc.

CSS (Cascading Style Sheets) : CSS est utilisé pour définir la présentation et le style des éléments HTML. Avec CSS, vous pouvez contrôler les couleurs, les polices, la mise en page et d'autres aspects visuels d'une page web. Cela permet de séparer la structure (HTML) du style (CSS) d'un site web.

JavaScript : JavaScript est un langage de programmation côté client qui permet d'ajouter des fonctionnalités interactives aux pages web. Avec JavaScript, vous pouvez créer des animations, des effets spéciaux, valider des formulaires, etc. C'est un élément essentiel du développement web moderne.

Responsive Web Design : Il s'agit de concevoir des sites web de manière à ce qu'ils s'adaptent et fonctionnent correctement sur une variété de dispositifs et de tailles d'écran, des ordinateurs de bureau aux smartphones en passant par les tablettes. Cela implique généralement l'utilisation de techniques CSS comme les media queries.

Accessibilité : Concevoir des sites web accessibles signifie qu'ils sont conçus pour être utilisables par tous, y compris les personnes handicapées. Cela implique souvent de prendre en compte des choses comme le contraste des couleurs, la navigation au clavier et l'utilisation de balises sémantiques HTML appropriées.

Sécurité : La sécurité est primordiale dans le développement web pour protéger les utilisateurs et les données. Cela implique des pratiques telles que la validation des données côté serveur, la protection contre les attaques XSS (Cross-Site Scripting) et CSRF (Cross-Site Request Forgery), l'utilisation de connexions sécurisées HTTPS, etc.

Frameworks et bibliothèques : De nombreux développeurs web utilisent des frameworks et des bibliothèques de développement pour accélérer le processus de création de sites web. Par exemple, des frameworks comme Bootstrap et des bibliothèques comme jQuery sont largement utilisés dans le développement web.

Ces principes de base constituent le fondement du développement web, mais il y a beaucoup plus à explorer dans ce domaine en constante évolution.

Langages de développement web

Voici un aperçu des langages de programmation principaux utilisés dans le développement web :

HTML (HyperText Markup Language) : HTML est le langage de balisage standard utilisé pour créer la structure et le contenu des pages web. Il est utilisé pour définir les éléments tels que les titres, les paragraphes, les liens, les images, etc.

CSS (Cascading Style Sheets) : CSS est utilisé pour styliser et mettre en forme le contenu HTML. Il permet de contrôler les couleurs, les polices, la mise en page, les dimensions, les animations, etc.

JavaScript : JavaScript est un langage de programmation côté client qui est largement utilisé pour rendre les pages web interactives et dynamiques. Il est utilisé pour ajouter des fonctionnalités telles que la validation de formulaire, les effets visuels, les animations, la manipulation du DOM (Document Object Model), etc.

PHP (Hypertext Preprocessor) : PHP est un langage de programmation côté serveur couramment utilisé pour le développement web. Il est souvent utilisé pour générer du contenu dynamique, gérer les formulaires, accéder aux bases de données, créer des sessions utilisateur, etc.

Python : Python est un langage de programmation polyvalent qui est de plus en plus utilisé dans le développement web. Il est souvent utilisé avec des frameworks web comme Django et Flask pour créer des applications web robustes et évolutives.

Ruby : Ruby est un langage de programmation connu pour son élégance et sa simplicité. Il est souvent utilisé avec le framework Ruby on Rails pour le développement rapide d'applications web.

Java : Java est un langage de programmation polyvalent qui est souvent utilisé dans le développement web côté serveur, en particulier dans les grandes entreprises. Il est souvent utilisé avec des frameworks comme Spring pour créer des applications web robustes et évolutives.

SQL (Structured Query Language) : SQL n'est pas un langage de programmation à proprement parler, mais il est essentiel dans le développement web pour interagir avec les bases de données. Il est utilisé pour créer, lire, mettre à jour et supprimer des données dans les bases de données relationnelles.

Il existe de nombreux autres langages et technologies utilisés dans le développement web, mais ceux-ci constituent les fondements sur lesquels reposent la plupart des sites web modernes.

Les balises HTML

Les balises HTML, ou balises hypertextes, sont des éléments de base utilisés pour structurer le contenu d'une page web. Voici quelques-unes des balises HTML les plus couramment utilisées :

<html> : Définit le début et la fin du document HTML.

<head> : Contient les informations d'en-tête de la page, telles que le titre, les métadonnées, les scripts et les liens vers des feuilles de style.

<title> : Définit le titre de la page qui s'affiche dans la barre de titre du navigateur.

<body> : Contient le contenu principal de la page web, tel que le texte, les images, les liens, etc.

<h1>, <h2>, ..., <h6> : Définit les titres de différents niveaux, allant de h1 (le plus important) à h6 (le moins important).

\<p\> : Définit un paragraphe de texte.

\<a\> : Crée un lien hypertexte vers une autre page web, un fichier ou une adresse e-mail.

\<img\> : Insère une image dans la page web.

\<div\> : Définit une division ou une section générique dans un document HTML, souvent utilisée pour regrouper d'autres éléments et appliquer des styles CSS.

\<span\> : Définit une section en ligne dans un document HTML, souvent utilisée pour appliquer des styles CSS à du texte ou à d'autres éléments en ligne.

\<ul\> et \<ol\> : Créent respectivement des listes non ordonnées et ordonnées.

\<li\> : Définit un élément de liste dans une liste ordonnée ou non ordonnée.

\<table\> : Crée un tableau dans la page web.

\<tr\> : Définit une ligne dans un tableau.

\<td\> : Définit une cellule de données dans un tableau.

\<form\> : Crée un formulaire interactif permettant à l'utilisateur de saisir et de soumettre des données.

\<input\> : Crée un champ de saisie ou un bouton dans un formulaire.

\<textarea\> : Crée une zone de texte multiligne dans un formulaire.

\<button\> : Crée un bouton cliquable.

\<label\> : Associe un libellé à un élément de formulaire.

Ces balises constituent une base solide pour la création de pages web, mais il en existe bien d'autres pour des besoins plus spécifiques. Il est important de se familiariser avec leur utilisation pour créer des pages web bien structurées et fonctionnelles.

La balise \<br\>

La balise \<br\> en HTML est utilisée pour insérer un saut de ligne ou un retour à la ligne dans le contenu d'une page web. Elle est souvent utilisée pour créer des espaces verticaux entre les éléments sans ajouter de nouveaux paragraphes.

La balise \<br\> est une balise auto-fermante, ce qui signifie qu'elle ne nécessite pas de balise de fermeture. Elle peut être utilisée de la manière suivante :

\<p\>Ceci est un paragraphe.\</p\>\<br\>\<p\>Ceci est un autre paragraphe.\</p\>

Dans cet exemple, la balise \<br\> est utilisée pour ajouter un saut de ligne entre les deux paragraphes, créant ainsi un espacement vertical. Lorsque le navigateur rencontre la balise \<br\>, il passe à la ligne suivante.

Il est important de noter que l'utilisation excessive de la balise <br> pour formater le contenu peut conduire à une mauvaise structure et à des problèmes d'accessibilité sur la page web. Il est souvent préférable d'utiliser des balises de bloc comme <div> ou des propriétés CSS comme la marge (margin) ou le padding pour gérer l'espacement entre les éléments de manière plus contrôlée.

Frameworks et outils de développement web

Les frameworks et outils de développement web sont des éléments essentiels pour les développeurs web, car ils permettent de simplifier et d'accélérer le processus de création de sites et d'applications web.

Voici un aperçu de certains des frameworks et outils les plus populaires :

Frameworks Front-end :
React.js : Développé par Facebook, React.js est une bibliothèque JavaScript pour la construction d'interfaces utilisateur interactives.
Vue.js : Un autre framework JavaScript populaire pour la construction d'interfaces utilisateur, apprécié pour sa simplicité et sa flexibilité.
Angular : Développé par Google, Angular est un framework JavaScript complet pour la construction d'applications web dynamiques et évolutives.

Frameworks Back-end :
Node.js : Basé sur le moteur JavaScript V8 de Chrome, Node.js permet aux développeurs d'utiliser JavaScript côté serveur pour construire des applications web évolutives et rapides.
Django : Un framework web Python qui favorise la rapidité de développement et la propreté du code. Il est utilisé pour construire des applications web robustes et sécurisées.
Ruby on Rails : Connu pour sa simplicité et sa productivité, Ruby on Rails est un framework web Ruby qui permet de créer rapidement des applications web dynamiques.

Outils de gestion de package :
npm (Node Package Manager) : Un gestionnaire de packages pour Node.js qui facilite l'installation et la gestion des dépendances JavaScript.
Yarn : Un autre gestionnaire de packages JavaScript, développé par Facebook, qui offre des fonctionnalités de performance supérieures à celles de npm.

Outils de compilation et de build :
Webpack : Un outil de build statique pour les applications web modernes. Il est utilisé pour regrouper, transformer et optimiser les assets front-end, tels que les fichiers JavaScript, CSS et images.
Parcel : Un autre outil de build zéro configuration qui simplifie le processus de construction des applications web en automatisant les tâches de compilation et de bundling.

Outils de test :
Jest : Un framework de test JavaScript maintenu par Facebook, utilisé pour tester les applications React et Node.js.
Selenium : Un outil de test automatisé pour les applications web qui prend en charge plusieurs langages de programmation et navigateurs.

Outils de gestion de version :
Git : Un système de contrôle de version distribué largement utilisé pour suivre les

modifications du code source et faciliter la collaboration entre les développeurs.

GitHub et GitLab : Des plates-formes de développement logiciel basées sur Git, qui offrent des fonctionnalités telles que l'hébergement de code, le suivi des problèmes et la gestion des versions.

Ces outils et frameworks constituent une partie essentielle de l'écosystème de développement web moderne et sont largement utilisés par les développeurs du monde entier pour créer des applications web de haute qualité.

Conception et déploiement de sites web

La conception et le déploiement de sites web sont des étapes cruciales dans le processus de développement web.

Conception de sites web :

Identification des besoins et objectifs : Comprendre les besoins de l'utilisateur et les objectifs commerciaux est essentiel. Cela implique souvent des réunions avec les parties prenantes pour clarifier les exigences.

Planification et wireframing : Créer une structure de site web et des schémas de navigation à l'aide de wireframes, qui sont des maquettes simples montrant la disposition des éléments sur chaque page.

Design graphique : Concevoir l'interface utilisateur en tenant compte de l'identité visuelle de la marque, de l'expérience utilisateur (UX) et de l'accessibilité. Les outils tels que Adobe XD, Sketch et Figma sont couramment utilisés pour cette phase.

Développement du contenu : Créer le contenu texte, visuel et multimédia qui sera présenté sur le site web. Il est important de maintenir le contenu pertinent et attrayant pour les utilisateurs.

Prototypage : Créer des prototypes interactifs du site web pour tester la navigation et l'expérience utilisateur avant de passer à la phase de développement.

Déploiement de sites web :

Choix de l'hébergement : Sélectionner un service d'hébergement web qui répond aux besoins du site en termes de capacité, de performances et de sécurité.

Enregistrement du nom de domaine : Choisir et enregistrer un nom de domaine unique qui représente l'identité du site web.

Configuration du serveur : Configurer le serveur web avec les logiciels nécessaires, tels que Apache, Nginx ou Microsoft IIS, et les technologies de support, comme PHP, Node.js ou Python, selon les besoins du site.

Transfert des fichiers : Transférer les fichiers du site web sur le serveur à l'aide d'un client FTP (File Transfer Protocol) ou d'un gestionnaire de fichiers intégré au panneau de contrôle de l'hébergeur.

Configuration DNS : Configurer les enregistrements DNS pour pointer le nom de domaine vers l'adresse IP du serveur web.

Tests et débogage : Effectuer des tests approfondis pour s'assurer que le site fonctionne correctement sur différentes plateformes, navigateurs et appareils.

Lancement officiel : Annoncer le lancement du site web et surveiller son comportement initial pour détecter tout problème éventuel.

Maintenance continue : Assurer la maintenance régulière du site web en effectuant des mises à jour de sécurité, en ajoutant du contenu frais et en répondant aux commentaires des utilisateurs pour garantir une expérience utilisateur optimale.

En suivant ces étapes de manière méthodique, les développeurs peuvent concevoir et déployer des sites web efficaces qui répondent aux besoins de leurs clients et utilisateurs.

Options de carrière en informatique

Les options de carrière en informatique sont variées et en constante évolution en raison de l'importance croissante de la technologie dans tous les aspects de la vie moderne.

Voici quelques-unes des principales voies de carrière en informatique :

Développement de logiciels : Les développeurs de logiciels conçoivent, développent, testent et maintiennent des applications logicielles pour une variété de plates-formes, y compris les applications web, mobiles, de bureau et embarquées. Les domaines spécialisés incluent le développement web, le développement mobile, le développement de jeux, le développement d'applications d'entreprise, etc.

Administration de systèmes informatiques : Les administrateurs système sont responsables de la configuration, de la gestion et de la maintenance des infrastructures informatiques, y compris les serveurs, les réseaux, les systèmes de stockage et les bases de données. Ils assurent la disponibilité, la performance et la sécurité des systèmes informatiques.

Sécurité informatique : Les professionnels de la sécurité informatique protègent les systèmes informatiques contre les menaces de sécurité, les attaques informatiques et les violations de données. Ils conçoivent, mettent en œuvre et gèrent des mesures de sécurité telles que les pare-feu, les systèmes de détection d'intrusion, la cryptographie, les audits de sécurité, etc.

Analyse de données et science des données : Les analystes de données et les scientifiques des données collectent, analysent et interprètent de grandes quantités de données pour aider les entreprises à prendre des décisions stratégiques. Ils utilisent des techniques telles que l'apprentissage automatique, l'analyse prédictive, l'extraction de données et la visualisation de données pour extraire des informations exploitables à partir des données.

Intelligence artificielle et apprentissage automatique : Les professionnels de l'intelligence artificielle et de l'apprentissage automatique développent des systèmes informatiques capables d'apprendre et de s'améliorer à partir de l'expérience. Ils travaillent sur des applications telles que la reconnaissance d'images, la traduction automatique, les assistants virtuels, les véhicules autonomes, etc.

Développement de jeux : Les développeurs de jeux conçoivent, développent et programment des jeux vidéo pour diverses plates-formes, y compris les consoles de jeux, les ordinateurs personnels et les appareils mobiles. Ils travaillent sur tous les aspects du développement de jeux, y compris la conception de jeu, la programmation, les graphismes, le son, etc.

Consultance en informatique : Les consultants en informatique offrent des services de conseil aux entreprises sur divers aspects de la technologie de l'information, tels que la planification stratégique des systèmes informatiques, la mise en œuvre de nouvelles technologies, l'optimisation des processus informatiques, etc.

Enseignement et formation en informatique : Les enseignants et les formateurs en informatique dispensent des cours et des programmes de formation sur divers sujets informatiques, du niveau primaire au niveau universitaire, ainsi que des formations professionnelles et continues pour les praticiens de l'informatique.

Il est important de noter que ces options de carrière ne sont pas exhaustives et que de nombreuses autres spécialisations et sous-domaines existent dans le domaine de l'informatique. Le choix de la carrière dépend souvent des intérêts, des compétences, de la formation et des objectifs professionnels de chaque individu.

Compétences et qualifications recherchées par les employeurs

Les compétences et qualifications recherchées par les employeurs pour une carrière dans l'informatique peuvent varier en fonction du poste spécifique, de l'entreprise et de l'industrie. Cependant, voici quelques compétences et qualifications généralement recherchées :

Compétences techniques :
Programmation : Maîtrise d'au moins un langage de programmation tel que Python, Java, C++, JavaScript, etc.
Développement web : Connaissance des technologies web telles que HTML, CSS, JavaScript, ainsi que des frameworks et des bibliothèques populaires comme React, Angular, Vue.js, etc.
Base de données : Expérience dans la conception, la modélisation et la gestion de bases de données relationnelles (SQL) ou non relationnelles (NoSQL).
Systèmes d'exploitation : Compétences dans l'administration et la gestion des systèmes d'exploitation tels que Windows, Linux/Unix, macOS, etc.
Réseaux : Compréhension des concepts de base des réseaux informatiques, des protocoles de communication, des architectures réseau, etc.

Compétences en résolution de problèmes :
Capacité à analyser et à résoudre efficacement les problèmes techniques, en utilisant des compétences de dépannage et de diagnostic.
Pensée critique et capacité à aborder les défis complexes avec créativité et innovation.

Compétences en communication :
Capacité à communiquer efficacement avec les membres de l'équipe, les clients et d'autres parties prenantes, tant à l'écrit qu'à l'oral.
Compétences en présentation pour expliquer des concepts techniques de manière claire et compréhensible.

Compétences en gestion de projet :
Capacité à gérer efficacement les projets informatiques, y compris la planification, l'exécution, le suivi et la gestion des risques.
Connaissance des méthodologies de gestion de projet telles que Agile, Scrum, Waterfall, etc.

Compétences en sécurité informatique :
Connaissance des principes de base de la sécurité informatique, des meilleures pratiques de sécurité et des techniques de détection et de prévention des menaces.
Capacité à mettre en œuvre des mesures de sécurité appropriées pour protéger les systèmes, les données et les réseaux contre les attaques malveillantes.

Qualifications éducatives et certifications :
Diplôme universitaire en informatique, génie logiciel, sciences informatiques ou domaine connexe.
Certifications professionnelles pertinentes telles que CompTIA A+, Network+, Security+, Cisco CCNA, Microsoft MCSA, AWS Certified Solutions Architect, etc.

Expérience professionnelle et portfolios :
 Expérience professionnelle antérieure dans des postes pertinents ou stages dans le domaine de l'informatique.
 Portefeuille de projets personnels, contributions à des projets open source ou autres réalisations démontrant les compétences et les réalisations techniques.

En résumé, les employeurs recherchent des candidats avec un mélange de compétences techniques, de compétences en résolution de problèmes, de compétences en communication, de compétences en gestion de projet, de connaissances en sécurité informatique, ainsi que des qualifications éducatives et des certifications pertinentes. Un candidat qui possède une combinaison solide de ces compétences et qualifications est bien positionné pour réussir dans une carrière dans le domaine de l'informatique.

Biographie de Thierry Cumps

Thierry Cumps est né avec une curiosité ardente et un amour pour l'écriture et la philosophie. Dès son plus jeune âge, il s'est senti attiré par les domaines de la littérature et de la réflexion profonde, désireux d'explorer les complexités de l'existence et de la condition humaine. Cependant, parallèlement à ses aspirations intellectuelles, il nourrissait également une fascination pour le monde de la science.

Après un bref passage dans l'armée de l'air, où il a perfectionné sa discipline et son sens du devoir, Thierry Cumps s'est lancé dans une carrière multifacette. Il s'est plongé dans le domaine de l'informatique, mettant à profit ses compétences analytiques pour naviguer dans le paysage complexe de la technologie. Parallèlement, il a embrassé le rôle d'agent de sécurité, protégeant à la fois les domaines physiques et virtuels avec vigilance et dévouement.

Tout au long de son parcours professionnel diversifié, Thierry Cumps est resté fidèle à son engagement envers l'écriture. Pendant plus de deux décennies, il a été un auteur prolifique, tissant des récits complexes à travers un large éventail de genres. Son répertoire littéraire va des captivantes nouvelles et des romans stimulants aux essais philosophiques éclairants et aux manuels informatiques pratiques.

Maintenant, alors qu'il approche de la retraite, Thierry Cumps envisage de se plonger encore plus profondément dans le monde de la littérature. Avec une richesse d'expériences à exploiter et un réservoir de créativité illimité, il imagine ses années de retraite comme une opportunité en or pour libérer son imagination et faire naître de nouvelles créations littéraires.

www.ingramcontent.com/pod-product-compliance
Lightning Source LLC
LaVergne TN
LVHW051711050326
832903LV00032B/4147